税理士のための
相続・成年後見と
家事事件手続の
実務

税理士
山本 裕二

司法書士
田口 真一郎

黒川 龍

清文社

はしがき

　近年、有資産高齢者の財産管理や世代間承継の場面等において、税理士と司法書士とが協働することが多くなったように思います。またそれに伴い、対応に苦慮するケースにも、時おりですが遭遇するようになっています。例えば、相続人の1人について成年後見人が選任されたために、税理士が作成したタックス・プランニングどおりに遺産分割ができなくなり、依頼者に強い不満を抱かせるようなケースです。

　本例では、家庭裁判所で選任される成年後見人の行動原理が「民法上の相続財産を前提に、本人個人の相続分を確保すること」であるのに対し、タックス・プランが「相続税の課税対象財産を前提に、相続人全体の税負担を節減すること」を目的に作られていることが問題の原因となっていますが、そもそもタックス・プランが本書でも紹介している成年後見制度の趣旨に配慮して作られていれば、避けられた問題であるといえます。

　ある統計によると、有資産層の約6割が、相続・資産管理に関する最初の相談先として税理士を選択しているとのことであり、税理士の皆さんがこの家事手続の分野に関心を持ち、相談者に適切な情報提供を行うことが、登記実務や裁判実務に携わる司法書士や弁護士との円滑な連携のためにも大変重要だと思われます。

　「家事事件手続法」(平成23年5月25日法律第52号) は、上述の例のような成年後見人の選任の審判手続や、遺産分割協議ができない場合の調停手続を定めた法律であり、平成25年1月より施行されています。

　本書は、税理士実務の視点に立ち、相続、遺言、成年後見等に関連する同法のポイントを、税理士と司法書士が共同して執筆したもので、次のような構成になっています。

　第1章で家事事件手続の基本的な仕組みや流れを紹介したうえで、第2章では代表的な家事審判について、第3章では同じく家事調停について、それぞれ「税理士業務との関わり」「制度の意義」「手続の流れ」「実務上のポイ

ント」の順に解説しています。実際に成年後見人等に就任した際や、他の専門職と連携する場合の注意点についてもできる限り言及していることから、ぜひご活用いただきたいと思います。また、第4章では「家事事件手続を理解するための基礎知識」として、やや詳細な内容について解説しています。

　周知のとおり、平成25年度税制改正では、相続税・贈与税の大幅な改正が盛り込まれているわけですが、その税務に関連する相続、遺言、成年後見等をめぐる家事事件手続の理解について、本書がその一助となれば幸いです。

　平成25年3月

司法書士　田口　真一郎

目次

第1章　家事事件手続の基本的な仕組み ……………… 1

第1節　家事事件手続法の概要 …………………………………… 2
　Ⅰ　総　　説 ………………………………………………………… 2
　Ⅱ　関 係 法 令 ……………………………………………………… 2
　Ⅲ　家事事件手続法の概要 ………………………………………… 3
　Ⅳ　家事事件手続規則の概要 ……………………………………… 5

第2節　家事審判事件と家事調停事件 …………………………… 6
　Ⅰ　家事審判事件 …………………………………………………… 6
　Ⅱ　家事調停事件 …………………………………………………… 6
　Ⅲ　手続の大きな流れ ……………………………………………… 7
　　1　家事調停になじまない審判事項の場合 …………………… 7
　　2　家事調停に適する審判事項の場合 ………………………… 7
　　3　家事審判や訴訟の対象とならない事項の場合 …………… 8
　　4　離婚・離縁の場合及び民事訴訟の提起が可能な調停事項の場合 … 8
　　5　離婚・離縁以外の人事訴訟の対象となる事項の場合 …… 9

第2章　家事審判の手続 ……………………………… 11

第1節　財産の管理・処分に関する審判 ………………………… 12
　Ⅰ　成年後見・保佐・補助 ………………………………………… 12
　　1　税理士業務との関係 ………………………………………… 12
　　2　意　　義 ……………………………………………………… 13
　　　(1)　後　　見 …………………………………………………… 13
　　　　①　後見の開始原因 ………………………………………… 13

　　　　　② 成年後見人 ··· 13
　　　　　　ア 選任／13　イ 員数／14　ウ 資格／14　エ
　　　　　　成年後見人の事務／14　オ 費用・報酬／17　カ
　　　　　　任務の終了／18
　　　　　③ 成年後見監督人 ··· 20
　　　　　　ア 選任／20　イ 員数／20　ウ 成年後見監督人
　　　　　　の職務／21　エ 辞任・解任・欠格事由／21
　　　(2) 保　　佐 ··· 21
　　　　　① 保佐の開始原因 ··· 21
　　　　　② 保　佐　人 ··· 22
　　　　　③ 保佐監督人・臨時保佐人 ·· 23
　　　　　④ 後見に関する規定の準用 ·· 23
　　　(3) 補　　助 ··· 23
　　　　　① 補助の開始原因 ··· 23
　　　　　② 補　助　人 ··· 23
　　　　　③ 補助監督人・臨時補助人 ·· 24
　　　　　④ 成年後見に関する規定の準用 ······································ 24
　　3 手続の流れ ·· 24
　　　(1) 申立権者 ·· 25
　　　(2) 管　　轄 ·· 25
　　　(3) 即時抗告 ·· 26
　　4 実務上のポイント ·· 26
　　　(1) 相続税対策としての贈与 ··· 26
　　　(2) 相続税対策としての資産運用 ··· 26
　　　(3) 被後見人による遺言の作成 ·· 27
Ⅱ 利益相反行為における特別代理人 ··· 27
　　1 税理士業務との関係 ··· 27
　　2 意　　義 ·· 28
　　　(1) 利益相反行為 ·· 28
　　　(2) 特別代理人 ··· 30
　　　(3) 後見人等への準用 ··· 31

3　手続の流れ ……………………………………………………… 31
　　　(1)　申 立 権 者 …………………………………………………… 31
　　　(2)　管　　　轄 …………………………………………………… 31
　　　(3)　即 時 抗 告 …………………………………………………… 31
　　4　実務上のポイント ……………………………………………… 32
　　　(1)　親権者の一方のみとの利益相反 …………………………… 32
　　　(2)　特別代理人が選任された場合の登記申請 ………………… 32
Ⅲ　任 意 後 見 …………………………………………………………… 32
　　1　税理士業務との関係 …………………………………………… 32
　　2　意　　　義 ……………………………………………………… 33
　　　(1)　任意後見契約 ………………………………………………… 33
　　　　①　方　　　式 ………………………………………………… 33
　　　　②　内　　　容 ………………………………………………… 34
　　　　③　効力の発生 ………………………………………………… 34
　　　(2)　任意後見監督人 ……………………………………………… 34
　　　　①　選　　　任 ………………………………………………… 34
　　　　　ア　選任審判の要件／34　　イ　選任障碍事由／35
　　　　②　資　　　格 ………………………………………………… 35
　　　　③　職　　　務 ………………………………………………… 35
　　　　④　法定後見に関する規定の準用 …………………………… 36
　　　(3)　任意後見契約の終了 ………………………………………… 36
　　　　①　契 約 解 除 ………………………………………………… 36
　　　　②　任意後見人の解任 ………………………………………… 36
　　　　③　そ の 他 ………………………………………………… 37
　　3　手続の流れ ……………………………………………………… 37
　　　(1)　申 立 権 者 …………………………………………………… 37
　　　(2)　管　　　轄 …………………………………………………… 37
　　　(3)　即 時 抗 告 …………………………………………………… 38
　　4　実務上のポイント ……………………………………………… 38
　　　(1)　代理権の不足 ………………………………………………… 38
　　　(2)　任意後見と法定後見との関係 ……………………………… 39

Ⅳ 不在者の財産管理・失踪宣告 ················ 39
1 税理士業務との関係 ······················ 39
2 意　　義 ···································· 40
(1) 不在者の財産管理 ······················ 40
① 不　在　者 ····························· 40
② 不在者財産管理人 ······················ 40
　　ア　選任・改任／40　イ　職務・権限／41　ウ　管理の終了／41
(2) 失 踪 宣 告 ···························· 42
① 普 通 失 踪 ····························· 42
② 特 別 失 踪 ····························· 42
③ 失踪宣告の取消し ······················ 42
3 手続の流れ ································ 43
(1) 不在者財産管理人の選任 ················ 43
① 申 立 権 者 ····························· 43
② 管　　轄 ······························· 43
③ 即 時 抗 告 ····························· 43
(2) 不在者財産管理人の権限外行為の許可 ···· 43
① 申 立 権 者 ····························· 43
② 管　　轄 ······························· 43
③ 即 時 抗 告 ····························· 44
(3) 失 踪 宣 告 ···························· 44
① 申 立 権 者 ····························· 44
② 管　　轄 ······························· 44
③ 即 時 抗 告 ····························· 44
4 実務上のポイント ·························· 44
(1) 不在者財産管理人の権限外行為の許可 ···· 44
(2) 帰来弁済型の遺産分割協議 ·············· 45

第2節　相続に関する審判 ···························· 47
Ⅰ 相続の承認・放棄 ···························· 47

1 税理士業務との関係 ·· 47
2 意　　　義 ·· 48
　(1) 熟　慮　期　間 ··· 48
　　① 起　算　時　期 ··· 48
　　　ア　原則／48　イ　再転相続の場合／49　ウ　相続人が未成年または成年被後見人である場合／49
　　② 伸　　　長 ··· 49
　(2) 単　純　承　認 ··· 49
　　① 効　　　果 ··· 49
　　② 法定単純承認 ··· 49
　　　ア　相続財産の処分／50　イ　熟慮期間の経過／50　ウ　背信行為／50
　(3) 限　定　承　認 ··· 51
　　① 効　　　果 ··· 51
　　② 方　　　式 ··· 51
　　③ 清　算　手　続 ··· 51
　(4) 放　　　棄 ·· 52
　　① 効　　　果 ··· 52
　　② 方　　　式 ··· 52
　(5) 撤回、取消しまたは無効 ······································ 52
　　① 撤　　　回 ··· 52
　　② 無効または取消し ·· 52
3 手続の流れ ·· 53
　(1) 熟慮期間の伸長 ··· 53
　　① 申　立　権　者 ··· 53
　　② 管　　　轄 ··· 53
　　③ 即　時　抗　告 ··· 53
　(2) 限　定　承　認 ··· 53
　　① 申　立　権　者 ··· 54
　　② 管　　　轄 ··· 54
　　③ 即　時　抗　告 ··· 54

(3) 放　　　棄 …………………………………………………… 54
    ① 申 立 権 者 …………………………………………… 54
    ② 管　　　轄 …………………………………………… 54
    ③ 即 時 抗 告 …………………………………………… 54
  4 実務上のポイント ………………………………………………… 55
    (1) 法定単純承認の具体例 ………………………………………… 55
    (2) 事実上の相続放棄 ……………………………………………… 55
    (3) 限定承認におけるみなし譲渡所得 …………………………… 56
Ⅱ 遺 産 分 割 …………………………………………………………… 56
  1 税理士業務との関係 ……………………………………………… 56
  2 意　　　義 ………………………………………………………… 57
  3 手続の流れ ………………………………………………………… 58
    (1) 申 立 権 者 …………………………………………………… 58
    (2) 管　　　轄 …………………………………………………… 58
    (3) 即 時 抗 告 …………………………………………………… 58
  4 実務上のポイント ………………………………………………… 58
    (1) 遺産分割の対象となる財産 …………………………………… 58
      ① 可 分 債 権 ………………………………………………… 58
      ② 現　　　金 ………………………………………………… 58
      ③ 果　　　実 ………………………………………………… 59
    (2) 遺産の再評価 …………………………………………………… 59
    (3) 法定相続分と異なる割合の相続分を定めることの可否……… 60
    (4) 遺産分割の審判の前提問題 …………………………………… 60
Ⅲ 推定相続人の廃除（欠格） ………………………………………… 61
  1 税理士業務との関係 ……………………………………………… 61
    (1) 相 続 欠 格 …………………………………………………… 61
    (2) 推定相続人の廃除 ……………………………………………… 61
  2 意　　　義 ………………………………………………………… 62
    (1) 相 続 欠 格 …………………………………………………… 62
    (2) 推定相続人の廃除 ……………………………………………… 63
      ① 効力の発生等 ……………………………………………… 64

　　　　② 廃除の取消し ……………………………………………… 64
　　　　　ア　廃除の取消しをすることができる者／64　　イ　廃
　　　　　除の取消しの効果／64
　　　　③ 遺産の管理………………………………………………… 64
　　3　手続の流れ ……………………………………………………… 65
　　　(1) 申　立　権　者 …………………………………………… 65
　　　(2) 管　　　　　轄 …………………………………………… 65
　　　(3) 即　時　抗　告 …………………………………………… 66
　　4　実務上のポイント ……………………………………………… 66

第3節　遺言に関する審判 …………………………………………… 68
　Ⅰ　遺言書の検認 ……………………………………………………… 68
　　1　税理士業務との関係 …………………………………………… 68
　　2　意　　　義 ……………………………………………………… 69
　　3　手続の流れ ……………………………………………………… 69
　　　(1) 申　立　権　者 …………………………………………… 70
　　　(2) 管　　　　　轄 …………………………………………… 70
　　　(3) 即　時　抗　告 …………………………………………… 70
　Ⅱ　遺言の確認 ………………………………………………………… 70
　　1　税理士業務との関係 …………………………………………… 70
　　2　意　　　義 ……………………………………………………… 71
　　　(1) 死亡危急時遺言 …………………………………………… 71
　　　(2) 船　舶　遺　言 …………………………………………… 72
　　3　手続の流れ ……………………………………………………… 72
　　　(1) 申　立　権　者 …………………………………………… 72
　　　(2) 管　　　　　轄 …………………………………………… 73
　　　(3) 即　時　抗　告 …………………………………………… 73
　　4　実務上のポイント ……………………………………………… 73
　Ⅲ　遺言執行者の選任 ………………………………………………… 74
　　1　税理士業務との関係 …………………………………………… 74
　　2　意　　　義 ……………………………………………………… 75

　　　　(1) 遺言執行者の就任・権限 …………………………… 75
　　　　(2) 執行費用・報酬 ……………………………………… 75
　　　　(3) 退　　任 …………………………………………… 75
　　　3　手続の流れ ……………………………………………… 76
　　　　(1) 申立権者 …………………………………………… 76
　　　　(2) 管　　轄 …………………………………………… 76
　　　　(3) 即時抗告 …………………………………………… 77
　　　4　実務上のポイント ……………………………………… 77
　　　　(1) 特定遺贈と遺言執行者 ……………………………… 77
　　　　(2)「相続させる」旨の遺言と遺言執行者 …………… 77

第4節　親子に関する審判 …………………………………… 78
　Ⅰ　未成年後見 …………………………………………………… 78
　　　1　税理士業務との関係 …………………………………… 78
　　　2　意　　義 ……………………………………………… 78
　　　　(1) 未成年後見の開始原因 ……………………………… 78
　　　　(2) 未成年後見人 ………………………………………… 79
　　　　　① 指定・選任 ……………………………………… 79
　　　　　② 員数・欠格事由 ………………………………… 79
　　　　　③ 未成年後見人の事務 …………………………… 79
　　　　　④ 任務の終了 ……………………………………… 80
　　　　(3) 未成年後見監督人 …………………………………… 80
　　　　　① 指定・選任 ……………………………………… 80
　　　　　② 員　　数 ………………………………………… 80
　　　　　③ 未成年後見監督人の事務 ……………………… 80
　　　　　④ 辞任・解任・欠格事由 ………………………… 80
　　　3　手続の流れ ……………………………………………… 81
　　　　(1) 申立権者 …………………………………………… 81
　　　　(2) 管　　轄 …………………………………………… 81
　　　　(3) 即時抗告 …………………………………………… 81
　　　4　実務上のポイント ……………………………………… 81

(1) 未成年後見と成年後見との併存 …………………………… 81
　　　(2) 親権の復活か未成年後見の開始か ………………………… 81
　　　　　① 指定親権者の死亡の場合 ……………………………… 81
　　　　　② 非嫡出子の親権者の死亡の場合 ……………………… 82
　　　　　③ 養親の死亡の場合 ……………………………………… 82
Ⅱ 子の氏の変更 ……………………………………………………………… 82
　1 税理士業務との関係 ………………………………………………… 82
　2 意　　義 ……………………………………………………………… 83
　　(1) 要　　件 ………………………………………………………… 83
　　(2) 法定代理人による代行 ………………………………………… 83
　　(3) 成人後の復氏 …………………………………………………… 83
　3 手続の流れ …………………………………………………………… 83
　　(1) 申 立 権 者 ……………………………………………………… 84
　　(2) 管　　轄 ………………………………………………………… 84
　　(3) 即 時 抗 告 ……………………………………………………… 84
　4 実務上のポイント …………………………………………………… 84
Ⅲ 普 通 養 子 ……………………………………………………………… 85
　1 税理士業務との関係 ………………………………………………… 85
　2 意　　義 ……………………………………………………………… 86
　　(1) 普 通 養 子 ……………………………………………………… 86
　　(2) 配偶者のある者の縁組 ………………………………………… 86
　　(3) 家庭裁判所の許可を要する場合 ……………………………… 86
　　　　① 未成年者縁組 …………………………………………… 86
　　　　② 後見人が被後見人を養子とする縁組 ………………… 87
　3 手続の流れ …………………………………………………………… 87
　　(1) 申 立 権 者 ……………………………………………………… 87
　　(2) 管　　轄 ………………………………………………………… 87
　　(3) 即 時 抗 告 ……………………………………………………… 87
　4 実務上のポイント …………………………………………………… 88
Ⅳ 特 別 養 子 ……………………………………………………………… 89
　1 税理士業務との関係 ………………………………………………… 89

2　意　　　義 ………………………………………………………… 89
　　　(1) 要　　　件 ………………………………………………………… 89
　　　(2) 効　　　果 ………………………………………………………… 90
　　　(3) 離縁の方法 ………………………………………………………… 90
　　3　手続の流れ …………………………………………………………… 90
　　　(1) 申立権者 …………………………………………………………… 91
　　　(2) 管　　　轄 ………………………………………………………… 91
　　　(3) 即時抗告 …………………………………………………………… 91
　　4　実務上のポイント …………………………………………………… 91

第5節　中小企業の経営承継の円滑化に関する審判 …………………… 92
　　1　税理士業務との関係 ………………………………………………… 92
　　　(1) 相続税及び贈与税の納税猶予の概要 …………………………… 92
　　　　① 相続税の納税猶予 ……………………………………………… 92
　　　　② 贈与税の納税猶予 ……………………………………………… 92
　　　(2) 遺留分に関する民法の特例の概要 ……………………………… 93
　　　　① 除外特例 ………………………………………………………… 93
　　　　② 固定特例 ………………………………………………………… 93
　　2　意　　　義 …………………………………………………………… 94
　　　(1) 遺留分に関する民法の特例 ……………………………………… 94
　　　(2) 要　　　件 ………………………………………………………… 94
　　　　① 中小企業者 ……………………………………………………… 94
　　　　② 旧代表者 ………………………………………………………… 94
　　　　③ 後継者 …………………………………………………………… 94
　　　(3) 合意の形式と内容 ………………………………………………… 95
　　　　① 合意の形式 ……………………………………………………… 95
　　　　② 合意の内容 ……………………………………………………… 95

　　　　　ア　除外特例の定め／95　　イ　固定特例の定め／96
　　　　　ウ　後継者が株式等を処分しまたは代表者でなくなった
　　　　　場合の措置に関する定め／96　　エ　株式等以外の財産
　　　　　に関する除外特例の定め／96　　オ　推定相続人間の衡

　　　　平を図るための措置に関する定め／96
　　　(4) 経済産業大臣の確認 …………………………………………… 97
　　　(5) 家庭裁判所の許可 ……………………………………………… 98
　　　(6) 合意の効力の消滅 ……………………………………………… 98
　　3　手続の流れ …………………………………………………………… 99
　　　(1) 申 立 権 者 …………………………………………………………… 99
　　　(2) 管　　　轄 …………………………………………………………… 99
　　　(3) 即 時 抗 告 …………………………………………………………… 99
　　4　実務上のポイント …………………………………………………… 99

第6節　厚生年金保険の分割に関する審判 ……………………………… 101
　　1　税理士業務との関係 ………………………………………………… 101
　　2　意　　　義 …………………………………………………………… 102
　　　(1) 合 意 分 割 …………………………………………………………… 102
　　　(2) 3 号 分 割 …………………………………………………………… 103
　　3　手続の流れ …………………………………………………………… 103
　　　(1) 申 立 権 者 …………………………………………………………… 104
　　　(2) 管　　　轄 …………………………………………………………… 104
　　　(3) 即 時 抗 告 …………………………………………………………… 104
　　4　実務上のポイント …………………………………………………… 104

第3章　家事調停の手続 ……………………………………………… 105

第1節　遺産分割に関する調停 …………………………………………… 106
　　1　税理士業務との関係 ………………………………………………… 106
　　2　意　　　義 …………………………………………………………… 106
　　3　手続の流れ …………………………………………………………… 107
　　　(1) 申 立 権 者 …………………………………………………………… 107
　　　(2) 管　　　轄 …………………………………………………………… 107
　　4　実務上のポイント …………………………………………………… 107

第2節　寄与分に関する調停 ……………………………………… 109
1　税理士業務との関係 ……………………………………………… 109
(1)　寄　　与　　分 …………………………………………………… 109
(2)　特　別　受　益 …………………………………………………… 109
2　意　　　　義 ……………………………………………………… 110
(1)　寄　　与　　分 …………………………………………………… 110
① 寄与分権利者 ………………………………………………… 111
② 寄与の態様 …………………………………………………… 111
ア　被相続人の事業に関する労務の提供／111　　イ　被相続人の事業に関する財産上の給付／112　　ウ　被相続人の療養看護／112　　エ　その他の方法／113
③ 寄与の程度 …………………………………………………… 114
④ 共同相続人以外の者による寄与行為 ……………………… 115
⑤ 寄与分の評価 ………………………………………………… 115
(2)　特　別　受　益 …………………………………………………… 115
① 特別受益者の範囲 …………………………………………… 116
ア　限定承認または相続放棄をした者／116　　イ　代襲相続人／116　　ウ　推定相続人となる前に生前贈与を受けていた者／117　　エ　相続人の配偶者・子／117
② 特別受益となる行為 ………………………………………… 117
ア　婚姻または養子縁組のための贈与／117　　イ　生計の資本としての贈与／117
③ 特別受益者の相続分の算定 ………………………………… 117
④ 持戻しの免除 ………………………………………………… 118
3　手続の流れ ………………………………………………………… 118
(1)　申　立　権　者 …………………………………………………… 119
(2)　管　　　　　轄 …………………………………………………… 119
4　実務上のポイント ………………………………………………… 120
(1)　特別の寄与の具体例 ……………………………………………… 120
(2)　死亡保険金と特別受益 …………………………………………… 120
(3)　預金債権と寄与分・特別受益 …………………………………… 121

第4章　家事事件手続を理解するための基礎知識 …… 123

第1節　審理の進行等 ……………………………………………… 124
　Ⅰ　手続の非公開 ……………………………………………… 124
　Ⅱ　期日の呼出し ……………………………………………… 124
　Ⅲ　送　達　等 ………………………………………………… 125

第2節　審判及び審判以外の裁判 ………………………………… 126
　Ⅰ　審　　　判 ………………………………………………… 126
　　1　概　　　要 ……………………………………………… 126
　　2　告知及び効力発生 ……………………………………… 126
　　3　自由心証主義 …………………………………………… 127
　　4　不服申立て ……………………………………………… 128
　Ⅱ　審判以外の裁判 …………………………………………… 128
　　1　概　　　要 ……………………………………………… 128
　　2　不服申立て ……………………………………………… 128
　　3　中　間　決　定 ………………………………………… 129

第3節　家事審判に関する手続 …………………………………… 130
　Ⅰ　参与員の意見の聴取 ……………………………………… 130
　Ⅱ　当事者等の手続への参加 ………………………………… 131
　　1　当事者参加 ……………………………………………… 131
　　2　利害関係参加 …………………………………………… 131
　Ⅲ　家事審判事件の手続の受継 ……………………………… 132
　　1　受継資格者による必要的受継 ………………………… 132
　　2　他の申立権者による任意的受継 ……………………… 132
　　3　受継資格者がない場合の届出 ………………………… 132
　Ⅳ　呼出しを受けた者の出頭義務 …………………………… 133
　Ⅴ　電話会議システムの利用等 ……………………………… 133
　Ⅵ　事実の調査及び証拠調べ ………………………………… 134
　　1　職権探知主義 …………………………………………… 134

　　　　2　家庭裁判所調査官の役割 ……………………………………… 134
　　　　3　医師である裁判所技官による診断等 ………………………… 135
　　　　4　事実の調査の嘱託等 …………………………………………… 135
　　　　5　証　拠　調　べ ………………………………………………… 135
　　Ⅶ　子の意思の把握等 …………………………………………………… 136
　　Ⅷ　家事審判事件の終了 ………………………………………………… 136
　　　　1　審判の確定 ……………………………………………………… 136
　　　　2　事件本人の死亡等 ……………………………………………… 136
　　　　3　申立ての取下げ ………………………………………………… 137
　　Ⅸ　付　調　停 …………………………………………………………… 138
　　Ⅹ　戸籍通知等 …………………………………………………………… 138

第4節　**家事調停に関する手続** ……………………………………………… 140
　　Ⅰ　調停の効力 …………………………………………………………… 140
　　Ⅱ　戸　籍　通　知 ……………………………………………………… 141
　　Ⅲ　調　停　機　関 ……………………………………………………… 141
　　Ⅳ　家事審判の手続との共通点 ………………………………………… 142
　　Ⅴ　調停を行う場所 ……………………………………………………… 143
　　Ⅵ　調停前の処分 ………………………………………………………… 143
　　Ⅶ　調停の成立 …………………………………………………………… 143
　　　　1　家事調停の手続の期日における当事者間の合意 …………… 143
　　　　2　調停条項案の書面による受諾 ………………………………… 144
　　Ⅷ　調停をしない場合 …………………………………………………… 144
　　Ⅸ　調停の不成立の場合 ………………………………………………… 144
　　　　1　概　　　要 ……………………………………………………… 144
　　　　2　訴えの提起があったものとみなされる場合 ………………… 145
　　　　3　家事審判の申立てがあったものとみなされる場合 ………… 145
　　Ⅹ　家事調停の申立ての取下げ ………………………………………… 145
　　Ⅺ　合意に相当する審判 ………………………………………………… 146
　　　　1　適合要件等 ……………………………………………………… 146
　　　　2　効　力　等 ……………………………………………………… 147

3　戸籍通知 ……………………………………………… 147
　　4　異議の申立て ………………………………………… 147
　Ⅻ　調停に代わる審判 ……………………………………… 148
　　1　適合要件等 …………………………………………… 148
　　2　効　力　等 …………………………………………… 149
　　3　戸籍通知 ……………………………………………… 149
　　4　異議の申立て等 ……………………………………… 149
　　5　調停に代わる審判に服する旨の共同の申出 ……… 150

第5節　申立ての方式 ……………………………………………… 151
　Ⅰ　当事者及び代理人 ……………………………………… 151
　　1　当事者能力 …………………………………………… 151
　　2　手続行為能力 ………………………………………… 151
　　　(1)　概　　要 …………………………………………… 151
　　　(2)　未成年者の手続行為能力に関する規律 ………… 152
　　　(3)　成年被後見人の手続行為能力に関する規律 …… 152
　　　　①　審　判　事　件 ………………………………… 152
　　　　②　調　停　事　件 ………………………………… 155
　　　(4)　被保佐人の手続行為に関する規律 ……………… 156
　　　(5)　被補助人の手続行為能力に関する規律 ………… 158
　　3　法定代理人 …………………………………………… 159
　　　(1)　特別の授権の要否 ………………………………… 159
　　　(2)　未成年者または成年被後見人の法定代理人についての特則 … 160
　　　(3)　法定代理人としての権限を行使することができない場合 …… 160
　　　　①　親権を行う者及び後見人 ……………………… 160
　　　　②　夫または妻の後見人 …………………………… 161
　　　　③　養親の後見人等 ………………………………… 161
　　　(4)　法定代理権の消滅の通知 ………………………… 161
　　　(5)　法人等の代表者または管理人 …………………… 162
　　4　特別代理人 …………………………………………… 162
　　5　手続代理人 …………………………………………… 163

　　　　(1) 資　　　格 ·· 163
　　　　(2) 手続代理人を付すべき場合 ·· 163
　　　　(3) 代理権の範囲 ··· 163
　　　　(4) 代理権の消滅の通知 ··· 164
　　　　(5) 代理権の不消滅 ··· 165
　　　　(6) 必要な授権を欠く場合 ·· 165
　　　　(7) 代理人相互の関係 ·· 165
　　　　(8) 陳述の訂正等 ·· 165
　　6 補　佐　人 ··· 166
　Ⅱ 調停前置主義 ··· 166
　Ⅲ 家事審判の申立て ·· 166
　　1 申立書の必要的記載事項及び添付資料 ································· 166
　　2 家事審判の申立書の写しの送付等 ······································· 167
　Ⅳ 家事調停の申立て ·· 168
　　1 申立書の必要的記載事項 ··· 168
　　2 家事調停の申立書の写しの送付等 ······································· 169

第6節　管　　　轄 ·· 170
　Ⅰ 通　　　則 ·· 170
　　1 職 分 管 轄 ··· 170
　　2 土 地 管 轄 ··· 170
　　　　(1) 原　　　則 ·· 170
　　　　(2) 住所がない場合 ··· 171
　　　　(3) 優 先 管 轄 ·· 171
　　　　(4) 指 定 管 轄 ·· 171
　　　　(5) 管轄の特例 ··· 171
　　　　(6) 合 意 管 轄 ·· 172
　　3 管轄の標準時 ·· 172
　　4 移　送　等 ·· 173
　　　　(1) 必要的移送及び自庁処理 ··· 173
　　　　(2) 職権による裁量的移送 ·· 173

　　　　（3）管轄違いを理由として原審判が取り消された場合の移送…… 173
　　　　（4）効　　　果………………………………………………………… 174
　　Ⅱ　家事審判事件の管轄の基準………………………………………………… 174
　　　1　人の住所地によって管轄裁判所が定まる場合 ………………………… 174
　　　2　相続が開始した地によって管轄裁判所が定まる場合 ………………… 177
　　　3　特定の地によって管轄裁判所が定まる場合 …………………………… 178
　　　4　他の事件との関連性によって管轄裁判所が定まる場合 ……………… 178
　　Ⅲ　家事調停事件の管轄の基準………………………………………………… 180
　　　1　原　　　則………………………………………………………………… 180
　　　2　寄与分を定める処分の調停に関する特則……………………………… 180
　　　3　地方裁判所・簡易裁判所への移送……………………………………… 180
　　　　（1）職権による必要的移送……………………………………………… 180
　　　　（2）職権による裁量的移送……………………………………………… 180
　　　　（3）効　果　等…………………………………………………………… 181

第7節　費　　　用…………………………………………………………………… 182
　　Ⅰ　総　　　説…………………………………………………………………… 182
　　Ⅱ　各自負担の原則……………………………………………………………… 185
　　Ⅲ　手続費用の負担の裁判……………………………………………………… 186
　　　1　審判費用の場合…………………………………………………………… 186
　　　　（1）原　　　則…………………………………………………………… 186
　　　　（2）上級の裁判所が本案の裁判を変更する場合……………………… 186
　　　　（3）事件の差戻しまたは移送があった場合…………………………… 187
　　　2　調停費用の場合…………………………………………………………… 187
　　Ⅳ　手続費用の国庫による立替え……………………………………………… 187
　　Ⅴ　負担すべき手続費用の額の確定…………………………………………… 188
　　　1　審判の場合………………………………………………………………… 188
　　　　（1）手続費用の負担の額を定める処分………………………………… 188
　　　　（2）処分の告知による効力発生………………………………………… 188
　　　2　調停の場合………………………………………………………………… 188
　　　3　事件が裁判及び調停の成立によらないで完結した場合……………… 188

```
          4　当事者参加の申出の取下げ等があった場合 ………………… 189
     Ⅵ　手続上の救助 ……………………………………………………… 189
          1　総　　説 ………………………………………………………… 189
          2　効　力　等 ……………………………………………………… 189
          3　費用の取立て …………………………………………………… 190
          4　不服申立て ……………………………………………………… 190

  第8節　記録の閲覧 ……………………………………………………… 191
     Ⅰ　家事審判事件の記録の開示 …………………………………… 191
          1　開示を受ける方法 ……………………………………………… 191
             (1)　原　　則 …………………………………………………… 191
             (2)　例　　外 …………………………………………………… 192
          2　許可の基準 ……………………………………………………… 192
          3　手　数　料 ……………………………………………………… 193
     Ⅱ　家事調停事件の記録の開示 …………………………………… 193
        ■　開示を受ける方法 ……………………………………………… 193
             (1)　原　　則 …………………………………………………… 193
             (2)　例　　外 …………………………………………………… 194

  第9節　保全処分 ………………………………………………………… 195
```

凡 例

本書において、カッコ内における法令等については、次の略称を使用しています。

【法令名略称】

会社法	会社法（平成17年法律第86号）
家事	家事事件手続法（平成23年法律第52号）
家事規	家事事件手続規則（平成24年最高裁判所規則第8号）
旧家審	家事審判法（昭和22年法律第152号）
刑	刑法（明治40年法律第45号）
経営承継	中小企業における経営の承継の円滑化に関する法律（平成20年法律第33号）
戸籍	戸籍法（昭和22年法律第224号）
後見登記	後見登記等に関する法律（平成11年法律第152号）
公証	公証人法（明治41年法律第53号）
厚年	厚生年金保険法（昭和29年法律第115号）
厚年規	厚生年金保険法施行規則（昭和29年厚生省令令第37号）
国公共済	国家公務員共済組合法（昭和33年法律第128号）
国通法	国税通則法（昭和37年法律第66号）
国年	国民年金法（昭和34年法律第141号）
裁	裁判所法（昭和22年法律第59号）
私学共済	私立学校教職員共済法（昭和28年法律第245号）
社福法	社会福祉法（昭和26年法律第45号）
所法	所得税法（昭和40年法律第33号）
信書便	民間事業者による信書の送達に関する法律（平成14年法律第99号）
人訴	人事訴訟法（平成15年法律第109号）
整備	非訟事件手続法及び家事事件手続法の施行に伴う関係法律の整備等に関する法律（平成23年法律第53号）
生保	生活保護法（昭和25年法律第144号）
精保福祉	精神保健及び精神障害者福祉に関する法律（昭和25年法律第123号）
措法	租税特別措置法（昭和32年法律第26号）
相法	相続税法（昭和25年法律第73号）
地公共済	地方公務員等共済組合法（昭和37年法律第152号）
仲裁	仲裁法（平成15年法律第138号）
任意後見	任意後見契約に関する法律（平成11年法律第150号）
不登令	不動産登記令（平成16年政令第379号）
不登規	不動産登記規則（平成17年法務省令第18号）
民	民法（明治29年法律第89号）
民訴	民事訴訟法（平成8年法律第109号）
民訴規	民事訴訟規則（平成8年最高裁判所規則第5号）
民訴費用法	民事訴訟費用等に関する法律（昭和46年法律第40号）

民訴費用規	民事訴訟費用等に関する規則（昭和46年最高裁判所規則第5号）
民執	民事執行法（昭和54年法律第4号）

＜記載例＞
家事9②一：家事事件手続法第9条第2項第1号

【主要判例集等略称】
家月	家庭裁判月報
刑録	大審院刑事判決録
高裁例集	高等裁判所判例集
判時	判例時報
判タ	判例タイムズ
法学	法学（東北大学法学会誌）
民集	最高裁判所民事判例集
民録	大審院民事判決録
民（事）甲	法務省民事局長通達
民三	法務省民事局民事第三課長通達

＜記載例＞
最判平4.12.10（民集46巻9号2727頁）
：最高裁判所平成4年12月10日判決（最高裁判所民事判例集46巻9号2727頁登載）

＊本書は、平成25年3月1日現在の法令に依っている。

第1章
家事事件手続の基本的な仕組み

第1節　家事事件手続法の概要

 総　　説

　「家事事件」とは、家事審判及び家事調停に関する事件をいいます（家事1）。家事審判とは、例えば成年後見の開始、遺言書の検認、相続の放棄の申述受理等のように、家庭裁判所の決定により、事件の解決が図られるものです。また家事調停とは、例えば遺産分割調停、離婚（夫婦関係調整）調停等のように、家庭裁判所の仲介を得て当事者が合意することにより、事件の解決が図られるものです。

　家事事件手続は、これらの家事事件を主宰する裁判所及び当事者その他の関係者が行うべき手続であり、その具体的な内容は、家事事件手続法、家事事件手続規則等の関係法令の定めるところによります。

　家事事件の主宰者である裁判所は、その手続が公正かつ迅速に行われるように努めるものとされています。一方、家事事件の当事者は、信義に従い誠実にその手続を追行しなければなりません（家事2）。

 関 係 法 令

　これまで、家事事件手続については、旧家事審判法、旧家事審判規則及び旧特別家事審判規則がその基本的事項を定めるほか、特に審判及び調停に関しては、原則として旧非訟事件手続法の規定を準用することとされていまし

た（旧家審 7 ）。

　しかし、旧家事審判法は、日本国憲法の施行後まもない昭和20年代初期に施行されて以降、大きな改正が行われておらず、明治時代に制定された旧非訟事件手続法も今日に至るまで文語体・片仮名表記のままでした。そのため、平成 8 年に改正された民事訴訟法及びその他の民事手続法と比べ、当事者等の利害関係人に対する手続上の配慮が十分ではなく、制度の抜本的な見直しが求められる状況にありました[1]。

　そこで、旧家事審判法、旧家事審判規則、旧特別家事審判規則、旧非訟事件手続法等の法令に散在していた家事事件手続に関する規定の整理・統合を図るとともに、民事訴訟法等他の手続法の定める諸制度や、各裁判所における実務の運用等も取り入れて、平成23年 5 月に家事事件手続法が制定されました。この法律は、同時に制定された非訟事件手続法とともに、平成25年 1 月 1 日から施行されました（家事附則 1 、平24政令196）[2]。

　また、最高裁判所は、家事事件手続法の委任（家事 3 ）に基づく家事事件手続規則を制定し、平成24年10月に公表しています。この規則は、家事事件手続法の施行の日から施行されています（家事規附則 1 ）。

Ⅲ　家事事件手続法の概要

　家事事件手続法は、目次以下、次頁の表 1 − 1 に掲げる各編及び附則により構成されています。

第 1 編　総則

　家事事件手続法の制定趣旨、家事事件手続の管轄に関する事項、家事事件手続の当事者または代理人となる者の能力、資格等に関する事項、手続費用に関する事項その他家事事件手続一般に共通する事項を規定しています。

1 　家事事件手続法制定の詳しい経緯については、金子修編著『一問一答　家事事件手続法』商事法務・2012年 1 月（「一問一答」といいます） 3 〜 5 頁が参考になります。
2 　旧家事審判法は廃止され、旧非訟事件手続法は、その題名が「外国法人の登記及び夫婦財産契約の登記に関する法律」に改められるとともに、大部分の条項が削除されています（整備 1 、3 ）。

表1-1　家事事件手続法の構成

第1編　総則	第1条　～　第38条
第2編　家事審判に関する手続	第39条　～　第243条
第3編　家事調停に関する手続	第244条　～　第288条
第4編　履行の確保	第289条　～　第290条
第5編　罰則	第291条　～　第293条
附則	第1条　～　第5条

第2編　家事審判に関する手続

　家事審判の申立ての方法、期日において裁判所または当事者その他の手続参加者が行いえること、審判の効力及びこれに対する不服申立ての可否等、家事審判の制度一般に共通する事項と、個々の家事審判事件の性質に応じた特則、また、家事調停から審判の手続に移行した場合の取扱いを規定しています。

第3編　家事調停に関する手続

　家事調停の申立ての方法、期日において裁判所（調停委員会）または当事者その他の手続参加者が行いえること、調停の効力、家事調停事件における審判の効力及びこれに対する不服申立ての可否など、家事調停の制度一般に共通する事項と、家事審判事件または人事訴訟事件が調停に付された場合の取扱いを規定しています。

第4編　履行の確保

　家事事件手続において定められた実体法上の義務、例えば、離婚する夫婦の一方が他方に対し子の養育費として毎月一定額の金銭を支払う（民877、879参照）、といった義務が履行されない場合に、その履行を確保するための制度を規定しています。

第5編　罰則

　家事事件手続に関し、不正な行為をした者の処罰について規定しています。

附則

　家事事件手続法の施行期日と、その施行に伴う経過措置について規定しています。なお、上述したとおり、家事事件手続法は平成25年1月1日に施行されています。

 家事事件手続規則の概要

　家事事件手続規則は、目次以下、表1−2に掲げる各編及び附則により構成されています。

表1−2　家事事件手続規則の構成

第1編　総則	第1条　～　第26条
第2編　家事審判に関する手続	第27条　～　第123条
第3編　家事調停に関する手続	第124条　～　第138条
第4編　履行の確保	第139条　～　第140条
附則	第1条　～　第6条

　このうち、第1編から第4編までの各編においては、それぞれ、家事事件手続法第1編から第4編までの各編に対応する細則的な事項を規定しています。一方、附則においては、家事事件手続規則の施行期日と、その施行に伴う経過措置について規定しています。なお、上述したとおり、家事事件手続規則は家事事件手続法の施行の日（平成25年1月1日）から施行されています。

第2節 家事審判事件と家事調停事件

 家事審判事件

　裁判所が公益的・後見的な立場から適切に裁量権を行使し、人の身分関係の形成等を行うものです。通常は、家事審判の申立て（家事49）により手続が開始しますが、裁判所が職権で手続を開始する場合（家事125⑦等）や、調停の不成立によって開始される場合（家事272④）もあります。

 家事調停事件

　家庭に関する事件（家事244）について、裁判所（調停委員）が仲介役となり、当事者の話合いによる円満な紛争の解決を支援するものです。通常は、家事調停の申立て（家事255）により手続が開始されますが、審判事件や人事訴訟事件が調停に付される場合（家事274）もあります[3]。

---

[3] 合意に相当する審判（家事277）の申立ては、家事調停の申立ての一種ですから、その申立てにより開始される事件は「家事調停事件」となります（一問一答13頁）。

 手続の大きな流れ[4]

　家事審判の手続と家事調停の手続とは、本来は全く別個のものですが、家事事件の効率的かつ円滑な処理を図るなどの観点から、一定の場合には、一方から他方への手続の移行が認められています。

1　家事調停になじまない審判事項の場合

　家事事件のうち、当事者の話合い（家事調停）になじまないものは、家事事件手続法別表第1に列挙されています。申立てに基づき、家庭裁判所が審判をすることにより、事件が解決されるのが原則的な流れです。

2　家事調停に適する審判事項の場合

　家事事件のうち、当事者の話合いによって解決できるものは、家事事件手続法別表第2に列挙されています。当事者は、家事審判または家事調停のいずれを申し立てることもできます。ただし、当事者の話合いによる解決を優先する趣旨から、家事審判が申し立てられた場合でも、家庭裁判所は、事件を家事調停に付すことができるとされています。調停が不成立となった場合には、審判に移行するという流れになります。

4　分類の仕方については、一問一答47〜48頁を参考にしました。

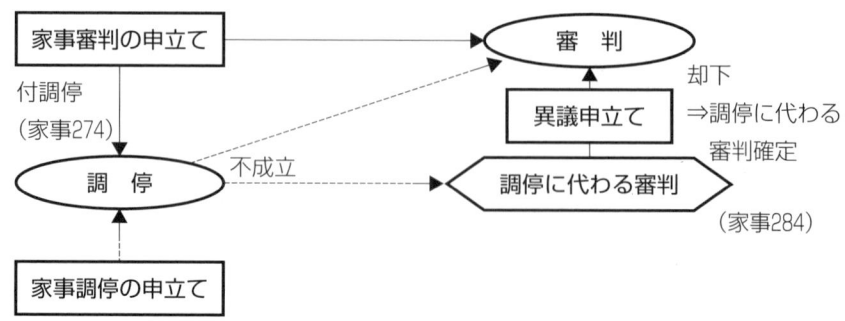

3 家事審判や訴訟の対象とならない事項の場合

　家事調停は、親族間や親族に準じる関係者間の事件であって、当事者の譲合いによって解決できる性質のものであれば、家事事件手続法別表第2に列挙されていないものであっても利用できます（例えば、共有財産の管理方針について親族間に意見対立がある場合等）。このような種類の事件については、調停のみによる解決が図られ、調停不成立であっても審判や訴訟の手続は用意されていません。

4 離婚・離縁の場合及び民事訴訟の提起が可能な調停事項の場合

　家事事件には、人事訴訟という特別な訴訟手続が用意されているものがあり、人事訴訟法2条各号に列挙されています。人事訴訟の対象となる事件のうち、離婚または離縁については、まずは家事調停による解決が図られ（「調停前置主義」といいます）、それが不成立であれば、人事訴訟手続を利用することになります。また、親族間における金銭の貸し借りのように、本来は民事訴訟の対象になるような事件についても家事調停が利用できますが、それが不成立となれば、民事訴訟手続を利用することになります。

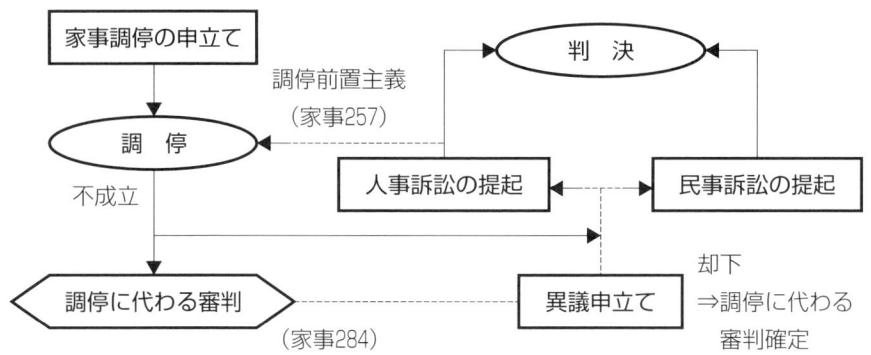

5 離婚・離縁以外の人事訴訟の対象となる事項の場合

　人事訴訟の対象となる事件（人訴２）のうち、当事者の合意で任意に決められない性質のもの（例えば、子の認知請求等）は、家事調停を経たうえで、合意が成立した場合には、家庭裁判所による「合意に相当する審判」がなされます。
　合意が成立しない場合には、人事訴訟手続を利用することになります。

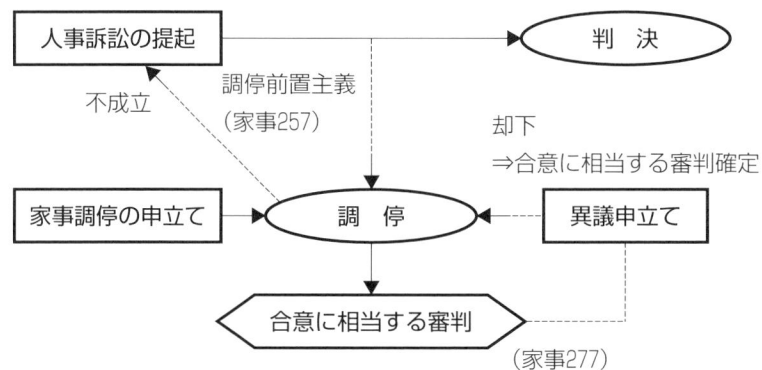

第２節　家事審判事件と家事調停事件　　9

第2章

家事審判の手続

第1節 財産の管理・処分に関する審判

I 成年後見・保佐・補助

1 税理士業務との関係

　被相続人が存命中に疾病や障害があり、物事を理解して合理的な判断をする能力（「事理弁識能力」といいます。分かりやすく「判断能力」とも言い換えられます）が不十分な状態であった場合には、その被相続人に成年後見人が選任されていることがあります。このような場合には、遺された財産・負債はその成年後見人が管理し、後日、相続人または遺言執行者等に引き渡されます。したがって、相続税申告業務においては、相続人の他に、その成年後見人との打合せが必要となってきます。現実に相続財産を管理しているのは成年後見人であるため、成年後見人から相続財産の調査を始めることになります。また、遺産分割協議が成立した後、各相続人に遺産を分配する具体的な事務手続は、成年後見人が行うことが多くみられます。

　また、上記とは逆に、相続人の側が認知症や知的障害、精神障害などにより、判断能力を欠いている場合があります。この場合の遺産分割は、成年後見人を選任したうえで行わないと、後々トラブルの原因になります。例えば、相続人の誰かが自分に都合の良い分割協議書を作成し、事理弁識能力を欠く共同相続人に署名押印だけさせたとします。そのような場合に、別の共同相続人がその分割協議は無効であると主張する可能性が出てきます。

　このような場合には、無闇に分割協議を進めず、弁護士・司法書士等の専

門職に助力を求めたほうが無難といえます。

2 意　　義

　「成年後見」とは、事理弁識能力が十分でない者がいる場合に、家庭裁判所に保護者（成年後見人、保佐人または補助人）を選任してもらい、本人の保護及び自己決定の実現を図る制度です。成年後見制度は、本人の判断能力の程度に応じて、①後見、②保佐、③補助の3種類に分類されます。

　社会のさらなる高齢化に伴い、成年後見制度の利用者は年々増加しています。筆者も複数の方の成年後見人に就任しており、親族やそのアドバイザーから資産や事業の世代間承継（相続・贈与）対策や、不動産活用による節税対策の提案をいただくケースがありますが、本人の財産の維持という観点から実現できず（26頁参照）、強い不満を示されることが多いものです。今後の制度の周知・発展のためには、会社経営者や富裕層の顧客と深くかかわる税理士の力が、欠かせないと思われます。

(1) 後　　見

① 後見の開始原因

　後見は、精神上の障害により事理弁識能力を欠く「常況」にある方に対して、一定の範囲の親族等（後述）の申立てを受けて、家庭裁判所が審判をすることによって開始します（25頁参照）。「常況」というのは、普段からそのような状態にあることをいい、「状況」とは異なる概念です。

　身体的な疾患で財産管理が困難な方でも、判断能力がしっかりしていれば成年後見制度は利用できないため、注意が必要です。

② 成年後見人

ア　選　　任

　後見開始の申立てが認められると、家庭裁判所が、成年後見人を選任します（民843①②）。申立ての際には候補者を希望することができますが、必ずしもその候補者が選任されるわけではないため注意が必要です。例えば、親族内に反対者がいるような場合には、第三者（専門職）が選任されることも

あります。また、資産が多額に上る場合には、後見人を監督するため、「後見監督人」が選任されることがあります（基準は公表されていませんが、資産がおおむね1億円を超えるような場合や、不動産収入がある場合等は、後見監督人が選任されることが多いようです）。

　なお、金融資産が多い場合に、その一部または全部を信託銀行に信託し、家庭裁判所の指示がなければ後見人が引出しや返還を受けられないとする仕組み（「後見制度支援信託」といいます）も始まっており、後見人による財産管理が監督・制限されます。

　いずれにせよ、必ずしも申立人の意図した方法により財産管理ができるわけではない点は、相談者に十分に説明することが重要です。

　　イ　員　　数

　成年後見人の員数については、制限はありません。例えば、老親の後見人として複数の子どもが選ばれる場合や、親族が身上監護の権限を、専門職が財産管理の権限を分掌する場合が典型です。理論的には、各後見人が単独で権限を行使できますが、金融機関や不動産取引の実務では、全員の協力を求められることが通常です。

　　ウ　資　　格

　成年後見人は、強力な権限を与えられ、大変に重要な職務を行うものであるため、一定の欠格事由が定められています（民847）。すなわち、自らの財産さえ満足に管理できない者や、被後見人と対立関係にある者は成年後見人となることはできません。具体的な欠格事由は、表2-1のとおりです。

表2-1　成年後見人の欠格事由

1	未成年者
2	家庭裁判所で免ぜられた法定代理人、保佐人または補助人
3	破産者
4	被後見人に対して訴訟をし、またはした者並びにその配偶者及び直系血族
5	行方の知れない者

　　エ　成年後見人の事務

　成年後見人の事務は「身上監護に関する事務」と「財産管理に関する事務」

に大別されます。成年後見人がこれらの事務を行うにあたっては、被後見人の意思を尊重し、心身の状態及び生活の状況に配慮しなければなりません(民858)。

ⓐ　身上監護

　身上監護に関する事務に含まれるものとしては、具体的には、①介護、生活維持に関する事項、②住居の確保に関する事項、③施設の入退所、処遇の監視、異議申立てに関する事項、④医療に関する事項、⑤教育、リハビリに関する事項等があります。もっとも、成年後見は、あくまでも法律行為を支援するための制度であり、介助等の事実行為ではなく、介護契約や介護施設への入所契約といった法律行為を行うことになります。仮に、後見人が食事や入浴等の介助を行ったとしても、それは後見人の行為として評価されるものではありません。

　また、被後見人の身体に対する強制を伴う事項（手術、身体拘束等）や、一身専属的な事項（延命措置、臓器移植の諾否等）も、成年後見人の権限には含まれません。これらは、厳密には本人しか同意できないものですが、緊急時においては、医師や介護施設から同意を求められることが多いものです。本人及び肉親が同意できる状態になく、かつ危険性がきわめて小さいもの（定期的な予防接種や栄養補給のための点滴等）で、誰かが同意しなければ本人の生命や生活状況に重大な悪影響が生じる場合であったり、治療を施さなければ人道上看過できない事態が強く予想されるような場合には、緊急避難的に後見人が同意を行っているのが実情です。

ⓑ　財産管理

　成年後見人は、①被後見人の法律行為を代理すること（代理権）、②被後見人の行った法律行為を取り消すこと（取消権）により、被後見人の財産を管理します（民859、9本文、120①、122）。成年後見人は、広範な財産管理権を有しますが、次頁の表2-2のような重要な制限があります。

　この制限に違反すると、行為自体が無効になったり、解任等のペナルティを受けることになるため、特に注意が必要です。

表2-2　成年後見人の権限の制限

1	被後見人の行為（労務の提供等）を目的とする債務を生じる行為をするには、本人の同意を得なければならない（民859②による824ただし書の準用）。
2	被後見人の居住の用に供する建物またはその敷地を売却、賃貸、賃貸借の解除または抵当権の設定その他これに準じる処分をするには、家庭裁判所の許可を得なければならない（民859の3）。
3	成年後見人と被後見人との間に利益相反関係がある行為をするには、特別代理人の選任が必要となる（民860による826の準用）。また、成年後見人が被後見人の財産または被後見人に対する第三者の債権を譲り受けたときは、被後見人はこれを取り消すことができる（民866①）。
4	成年後見監督人がある場合においては、営業を行うときまたは民法13条1項各号に掲げる行為（22頁参照。元本の領収を除く）をするときは、成年後見監督人の同意を得なければならない（民864）。同意なき場合には、取り消しうべき行為となる（民865）。
5	第三者が無償で被後見人に与えた財産について、当該第三者が成年後見人に当該財産を管理させない旨の意思表示をしたときは、当該財産は、成年後見人の管理に属しない（民869による830の準用）。
6	日用品の購入その他日常生活に関する行為は、取消しの対象とならない（被後見人が単独で行うことができる。民9ただし書）。

（注）　一身専属的な行為（遺言、任意後見契約の締結等）は当然に代理することはできない。また、身分行為（婚姻、養子縁組等）の代理は、特別な規定（民797①など）がある場合に限られる。

　　ⓒ　財産調査及び目録の作成

　後見人は、就任後遅滞なく被後見人の財産を調査し、1か月以内にその調査を終わり、かつ財産目録を作成しなければなりません（民853～855）。また、後見人は、その就職の初めにおいて、被後見人の生活、教育または療養看護及び財産の管理のために、毎年支出すべき金額を予定しなければなりません（民861①。予算の画定義務について、保佐人及び補助人に準用する規定はありませんが、保佐人・補助人に収支を管理する代理権が付与されている場合には、事実上保佐人及び補助人にも義務付けられるといえます）。

　財産目録の作成が終わるまでは、急迫の必要がある行為を除き、財産管理

をすることはできません。後見開始の審判があると、2週間の不服申立期間があり（家事86①、123①一）、その後に家庭裁判所から法務局に成年後見登記の嘱託がされ、登記完了後にその登記事項証明書を金融機関等に提示して、財産目録を作成するというプロセスとなります。すなわち、後見開始の審判から後見人が実際に財産管理を始めるまでは、2か月程度かかる点に留意しておく必要があります。

なお、1か月の目録作成期間は、家庭裁判所に申立てをして、伸長してもらうことが可能です（民853①ただし書）。

被後見人が相続や包括遺贈により財産を包括承継した場合にも、後見人は財産目録を作成しなければなりませんが、この財産目録の作成は失念しがちですので、注意してください。

　　ⓓ　報　　告

家庭裁判所（後見監督人が選ばれているときは、後見監督人も）は、いつでも、後見人に対して後見事務の報告もしくは財産目録の提出を求め、または後見の事務もしくは被後見人の財産の状況を調査することができます（民863①）。

現実には、定期的（通常1年に1回ですが、地方によっては数年に1回でよいところもあるようです）に財産目録を提出し、これに収支状況報告書、領収書、貯金通帳の写し等を添付して、財産の増減を疎明する方法で報告を行うのが通常です。報告期間内における「財産の増減額」と「収支の差額」とは、一致することが求められますので、普段から、報告を意識した帳簿の管理をしておくことが、重要といえます。

なお、後見人の事務報告作成義務の規定（民863①）は、保佐人及び補助人にも準用されています（民876の5②、876の10①）。

　オ　費用・報酬

後見事務に関する費用は、被後見人の財産の中から支出されます（民861②）。よく問題となるのが、親族が被後見人に面会するための交通費の扱いですが、被後見人側が特に依頼したような場合でなければ、面会者の交通費を被後見人が負担することは、望ましくないといえます。

また、後見人は、家庭裁判所に申立てをして審判を受けることにより、被

後見人の財産の中から相当額の報酬を受けることができます（民862）。これは、すでになされた（過去の）事務についての報酬であり、通常は、定期報告の際に申立てが行われます。

専門職が後見人として業務を行った場合（税理士が税務申告を代理した場合や、司法書士が登記申請を代理した場合）でも、自らが請求する報酬を受けることはできません。

報酬の基準は、一部の家庭裁判所が、インターネット上で「めやす」を公表しています（東京家庭裁判所・同立川支部「成年後見人等の報酬額のめやす」平23.3）。これによれば、管理する流動資産（預貯金、上場有価証券等）の額が5,000万円を超える場合には月額5万円から6万円、1,000万円を超え5,000万円以下の場合には月額3万円から4万円、1,000万円以下の場合には月額2万円を基本報酬額とし、特別の行為（不動産の売却、遺産分割、介護施設への入所契約等）があった場合には、相応の付加報酬が追加されることになっています。

カ　任務の終了

ⓐ　終了原因

後見人の任務は、表2-3に掲げた事由が生じたときに終了します。申立ての契機となった問題が解決した（「遺産分割協議が成立した」「不動産の売却が終了した」等）だけでは任務は終了せず、後見人による財産管理は継続する点に注意が必要です。

「相対的終了」とは別の後見人が選任されるもの、「絶対的終了」とは後見

表2-3　後見の終了原因

1	相対的終了	ア	辞任（民844）
		イ	解任（民846）
		ウ	成年後見人の死亡
		エ	欠格事由の発生（民847）
		オ	成年後見人選任審判の取消し
2	絶対的終了	ア	成年被後見人の死亡
		イ	成年被後見人の能力回復による後見開始の審判の取消し（民10）

制度の利用自体が終了するものをいいます。

　辞任には正当な事由が必要であり、家庭裁判所の許可を得なければなりません（民844、家事別表第1.四）。辞任した後見人は、後任者の選任を申し立てる義務があります（民845）。

　「正当の事由」には、職業地または居住地の変更、老齢、疾病により任務の遂行が困難となった場合などが考えられますが、例えば、親族でない第三者後見人の任務が長期にわたることが酷である場合も、辞任事由になると考えられています。

　解任の審判は、被後見人とその親族、後見監督人または検察官の請求に基づくほか、家庭裁判所の職権によっても行われます（民846、家事別表第1.五）。例えば、財産目録作成などの家庭裁判所からの監督に従わない場合や不正行為がある場合が典型ですが、本人に非がない場合でも、人間関係等により解任され得ると考えられています（富山家審昭42.11.17）。

　一度解任された者は、以後、後見人等となることはできません（民847二）。解任の審判に対しては、後見人は、不服申立てをすることができます（家事123①四）。

　　ⓑ　後見の計算

　後見人の任務が終了したときは、後見人またはその相続人は、2か月以内にその管理の計算をしなければなりません。管理の計算とは、後見人の就職から任務終了までの期間に、その事務遂行に関して生じたすべての財産の収入及び支出を計算することをいいます。この2か月の期間は、家庭裁判所の審判により伸長してもらうことができます（民870ただし書、家事別表第1.十六）。

　なお、後見の計算は、後見監督人があるときは、その立会いが必要です（民871）。

　　ⓒ　財産の引継ぎ

　後見が終了した場合には、成年後見人であった者は、当然ながら管理財産を返還しなければなりません。返還の相手方は、原則論としては被後見人ですが、多くのケースでは被後見人は死亡していますので、その場合は相続人

または遺言執行者に返還することになります。相続人がいない場合には、改めて家事審判の申立てをして、「相続財産管理人」を選任してもらうことになります。また、新たな成年後見人が選任された場合には、その成年後見人に返還することになります。

　返還すべき金額については、後見の計算が終了した時から法定利息（年5分）を付さなければなりません（民873①）。

　　ⓓ　応急の処分

　後見の終了後財産の引継ぎが終わるまでの間に、急迫の事情が生じたときは、成年後見人であった者は、必要な処分をしなければなりません（民874、654）。

　身寄りのない被後見人が死亡した場合などは、この規定に基づいて、未払いの医療費、入院費または介護施設利用費の精算などが行われているのが実情です。葬儀法要に関する契約の締結も、時間的制約があるため（長期の遺体保存ができない、忌日法要までに荼毘に付さなければならない等）後見人が「応急の処分」として行うことが少なくありません。

　　ⓔ　登記の申請

　被後見人の死亡により後見が終了したときは、成年後見人であった者は、後見登記の変更を申請しなければなりません（後見登記8①）。

　登記事務は、東京法務局（後見登録課）が管轄しています。申請書は、同局のウェブサイトからダウンロードできます（平成25年3月現在）。

　http : //houmukyoku.moj.go.jp/tokyo/static/i_seinen.html

③　**成年後見監督人**

　ア　選　任

　前述のとおり、財産や収入が多額の場合には、成年後見監督人が選任されることがあります。成年後見監督人は、家庭裁判所の職権によって選任されるのが通常ですが、被後見人、その親族または成年後見人が選任を請求することもできます（民849）。

　イ　員　数

　成年後見監督人も、成年後見人と同様、員数に制限はありません。

ウ　成年後見監督人の職務

　成年後見監督人の職務は、表2-4のとおりです(民851他)。一般的には、定期的に後見人(及び被後見人)と面談し、現金・預貯金の出納状況をチェックすることが行われています。

表2-4　成年後見監督人の職務

1	後見事務の監督
2	後見人が欠けた場合の選任請求
3	急迫な事情がある場合の必要な処分
4	利益相反行為がある場合の被後見人の代理
5	財産の調査及びその目録の作成に立ち会うこと（民853②）
6	後見人に対し後見事務の報告または財産目録の提出を求め、後見事務または被後見人の財産状況を調査すること（民863①）
7	後見人の被後見人に対する債権または債務の申告を受けること（民855①）
8	後見人が被後見人に代わって営業をし、または民法13条1項各号に掲げる行為をすることに同意すること（民864）
9	後見の計算に立ち会うこと（民871）

エ　辞任・解任・欠格事由

　成年後見監督人の辞任、解任及び欠格事由については、後見人の規定が準用されています（民852による844、846、847の準用）。

　ただし、辞任については、成年後見監督人が必要的な機関ではないことから、辞任者が後任者の選任を申し立てる義務はありません（民852による845の不準用）。

　また、監督事務の適正を図るため、後見人と一定の親族関係（後見人の配偶者、直系血族及び兄弟姉妹）にある者は、後見監督人となることができないとされています（民850）。

(2) 保　　佐
① 保佐の開始原因

　保佐は、精神上の障害により事理弁識能力が著しく不十分な方について（民11）、一定の親族等が申立てをして、家庭裁判所が保佐開始の審判をするこ

とにより開始します（民876）。後見では事理弁識能力を「欠く常況」が必要であったのに対して、保佐では「著しく不十分」であれば、制度を利用できることになります。

② 保　佐　人

　保佐開始の審判があると、家庭裁判所の職権により保佐人が選任されます（民876の2①）。

　保佐人の基本的な権限は、民法13条1項（表2-5）に列挙された財産上の行為について被保佐人に同意を与えること（同意権）です。被保佐人が同意を受けずにこれらの行為を行ったときは、保佐人は、これらの行為を取り消し（取消権）、または事後的に追認すること（追認権）ができます（民120、122）。不適切な訪問販売や電話勧誘販売による被害は、これらの権限により予防・救済されることになります。

　なお、被保佐人の利益が害されるおそれがないにもかかわらず保佐人が同意をしないときは、被保佐人の請求により、表2-5の事項に関して家庭裁判所が「同意に代わる許可」を与えることができます（民13③）。

　また、保佐人の同意権（取消権・追認権）の範囲は、一定の者（保佐開始

表2-5　保佐人の同意権（民13①）

1	元本を領収し、または利用すること
2	借財または保証をすること
3	不動産その他重要な財産（注）に関する権利の得喪を目的とする行為をすること
4	訴訟行為をすること
5	贈与、和解または仲裁合意（仲裁2①）をすること
6	相続の承認もしくは放棄または遺産の分割をすること
7	贈与の申込みを拒絶し、遺贈を放棄し、負担付贈与の申込みを承諾し、または負担付遺贈を承認すること
8	新築、改築、増築または大修繕をすること
9	民法602条に定める期間を超える賃貸借をすること

（注）「不動産その他重要な財産」には、有価証券、知的財産権も含まれる。動産については、本人の収入・資産・生活状態、社会の経済状態を総合して重要性が判断される。

の審判の申立権者または保佐人もしくは保佐監督人）が申立てをすることにより拡張することができます（民13②）。

さらに、保佐人に特定の法律行為についての代理権を付与することも可能です（民876の4①）。保佐人に代理権を与える場合には、被保佐人の同意が必要ですが（民876の4②）、これは実質的には被保佐人が自らの判断能力の低下を認めるものといえ、実務上は困難なことが多いものです。

③　保佐監督人・臨時保佐人

特に保佐人の監督が必要と判断されるときは、家庭裁判所は、被保佐人、その親族もしくは保佐人の請求により、または職権で「保佐監督人」を選任します（民876の3①）。

保佐人またはその代表者と被保佐人との間に利益相反（特別代理人に関する28頁参照）がある場合には、保佐監督人が選任されていれば保佐監督人が代理権・同意権を行使することになります。他方、保佐監督人が選任されていない場合には、保佐人は、家庭裁判所による「臨時保佐人」の選任を申し立てなければなりません（民876の2③）。

④　後見に関する規定の準用

保佐人及び保佐監督人については、成年後見人及び成年後見監督人の規定の多くが準用されています（民876の2②、876の3②、876の5②③）。

(3) 補　　　助

① 　補助の開始原因

補助は、精神上の障害により事理弁識能力が不十分な方に対して（民15①）、一定の親族等の申立てに基づいて、家庭裁判所が補助開始の審判をすることにより開始します（民876の6）。補助の開始にあたっては、成年後見及び保佐とは異なり、本人の同意が必要であるため（民15②）注意が必要です。

② 　補　助　人

補助開始の審判があると、家庭裁判所の職権により補助人が選任されます（民876の7①）。

補助人の選任は、それのみが独立して行われることはなく、常に同意権または代理権付与の審判とともになされることになっており（民15③）、補助

人は、これらの審判で定められた同意権（及び取消権、追認権）・代理権を有することになります。

同意権付与の審判は、一定の者（補助開始の審判の申立権者または補助人もしくは補助監督人）が申立てをし、「被補助人が民法13条1項に列挙された財産上の行為の一部をするにあたり、補助人の同意を要する」旨を定めるものです。

以上に対し、代理権付与の審判の対象となる行為については、法律上の制限はありません（民法13条1項に列挙された行為に限られません）。実務においては、不動産売却について代理権が付与されているのに登記申請の代理権が付与されていない等、事務処理に当たって代理権が不足しているケースが見られるため、注意が必要です。

なお、同意権または代理権付与の審判をするにあたっては、いずれも本人の同意が必要です（民17②、876の9②による876の4②の準用）。

③　補助監督人・臨時補助人

特に補助人の監督が必要と判断されるときは、家庭裁判所は、被補助人、その親族もしくは補助人の請求により、または職権で「補助監督人」を選任します（民876の8①）。

補助監督人が置かれていない場合には、補助人またはその代表者と被補助人との間に利益相反（特別代理人に関する28頁参照）がある場合には、補助人は家庭裁判所による「臨時補助人」の選任を申し立てなければなりません（民876の7③）。

④　成年後見に関する規定の準用

補助人及び補助監督人についても、成年後見人及び成年後見監督人の規定の多くが準用されています（民876の7②、876の8②、876の10①②）。

3　手続の流れ

成年後見制度を必要とする方の情報は、地域包括支援センター（介護保険法115の46）や社会福祉協議会（社福法109）等の相談機関に集約され、そこ

から専門職・専門職団体が紹介され申立てに至るケースが通常かと思われます。また、現実の不動産取引や銀行取引にあたり、取引業者や金融機関から制度の利用を求められるケースも多いようです。

　申立てをすると、家庭裁判所による審理（必要に応じ、本人、申立人または候補者との面接や、医師による鑑定を含みます）が行われます。事前予約のうえ申立書類を持参することにより、その場で即日面接を受けられる家庭裁判所もあります。

　審判は、本人、申立人及び後見人（保佐人、補助人）に通知（告知）され、告知後２週間の不服申立期間を経過することにより、確定します（家事74①、122②、123①一）。審判が確定すると、後見登記が嘱託され、約１週間で登記事項証明書を取得できるようになります。後見人は、この「登記事項証明書」を金融機関等の第三者に提示して、１か月以内に財産を調査し、財産目録を管轄家庭裁判所に提出することにより、後見人としての権限を行使できることとなります（民853、854）。したがって、申立ての準備段階（書類の取寄せ等）から実際に財産管理がスタートするまでは、通常３～５か月程度かかることになります。

（1）申立権者

　後見（保佐、補助）開始の審判の申立てができるのは、下記の一定の範囲の者に限定されています。

① 本人、配偶者、４親等内の親族、後見人、後見監督人、保佐人、保佐監督人、補助人、補助監督人または検察官（民７。保佐開始につき民11、補助開始につき民15）
② 任意後見受任者、任意後見人または任意後見監督人（任意後見10②）
③ 市町村長（精神福祉51の11の２、知的障害者福祉法28、老人福祉法32）

　検察官や市町村長による申立ては補完的なものであり、まずは親族の中から申立権者を探すことになります。

（2）管　　轄

　本人の住所地を管轄する家庭裁判所です（家事117①、128①、136①）。手続が開始した後に本人が住所を変更した場合でも、開始の審判をした家庭裁判

所が引き続き関連する事件を管轄します（家事117②、128②、136②）。

（3） 即時抗告

後見開始の審判またはこれを却下する審判には、即時抗告をすることができます（家事123）。

4 実務上のポイント

（1） 相続税対策としての贈与

相続税の節税のため、贈与税の基礎控除（相法21の2、21の5、21の7、措法70の2の2）の範囲において、親から子へと生前贈与をすることが広く行われています。しかしながら、この生前贈与は、あくまで相続人側の課税負担を軽減するものであり、贈与者側にはもっぱら財産の減少のみが生じるものであることから、親に後見が開始された場合には親から子への贈与の行為は認められなくなります。理論的には、何らかの方法で本人の意思を確認・推認できる場合には贈与を継続することも可能といえますが、実例はほとんどないようです。

（2） 相続税対策としての資産運用

土地所有者が相続税の節税のため、金融機関から資金を借り入れて担保を設定し、賃貸住宅を建築することがあります。これは、資産の評価を下げるとともに、負債を増加させることによって、課税価格を減少させる手法のようです。また、これとは別に、相続税の納税原資の確保等のため、本人（親）を被保険者、その推定相続人（子）を受取人とする生命保険に加入することも行われているようです。

問題は、親に後見が開始しており、しかも親の自己決定がはっきりしていない場合に、こうした資産運用が許されるか疑問が残るところです。

賃貸住宅の建築に関しては、本人の推定寿命までの期間の収支予想において、現状維持のリスクが新築のリスクを上回ることが何らかの形で推認できる場合でなければ、後見人としては消極的にならざるを得ません。例えば、不動産の維持費がかさんでおり、本人の収支を圧迫しているような状況であ

れば、建築は認められやすいといえます。

　他にも、①他の収入（年金等）によって余命を過ぎるまで十分な生活費を確保できる見込みがある、②不動産を売却した場合との比較において、売却価値よりも賃貸事業の継続価値（事業継続価値の評価についてはさまざまな手法がありえます）のほうが上回る見込みがある、③管理会社との間で長期の一括借上契約を締結する等の方法により、安定的な賃貸収入を確保できる、といった諸事情の蓄積により、建物の建替えを検討していくことになります。実務の蓄積が待たれるところです。

　生命保険の加入に関しては、生前贈与と同様の理由により、本人に一方的に保険料の負担だけが生じるものは許されません。また、受取人を恣意的に決定することも許されませんので、注意が必要です。なお、保険契約にいわゆる「リビングニーズ特約」が付いている場合や、高度障害保険金を受け取れる場合には、後見人の行動原理としては生前に保険金を請求して本人の福祉の向上を図ることになりますので、所期の節税目的を達成できなくなる可能性が残ります。

（3）　被後見人による遺言の作成

　被後見人であっても、一時的に事理弁識能力を回復したときは、医師2人以上の立会いを受けて遺言を作成することができます（民973①）。もっとも、被後見人は事理弁識能力を欠く常況にあることが前提であり、後見人から強い影響力を受けると考えるのが一般的な認識であるため、後見人が遺言の作成に関与することにより、相続人等の利害関係者から疑念の目を向けられることが多いことから、十分な配慮が必要といえます。

Ⅱ　利益相反行為における特別代理人

1　税理士業務との関係

　成年後見人自身の利益と被後見人の利益とが相反するときは、成年後見人

が被後見人を代理してしまうと、被後見人の利益を害してしまう可能性が生じます。例えば、兄が弟の成年後見人になっている場合に、親の遺産分割で兄が共同相続人である弟を代理することは、二者の利害を兄1人で決めることになり、利益相反行為になります。この場合には、家庭裁判所に特別代理人の選任を請求し、その者に代理をしてもらえば、問題はなくなります。相続税案件のときは、成年後見人の存在を耳にしたら、障害者の相続税額控除以外の問題も考えることが必要となります。

また、未成年の子の親権者、すなわち親が、気づかずに子どもとの利益相反行為を行っていることがあります。例えば、親子間の不動産売買は、事実上親側が1人で契約内容を決めることになるため、利益相反行為に該当します。また、父親が死亡して母親と未成年の子とが相続人となっている場合、両者は遺産分割において利害が対立する関係にあり、母親が子を代理して遺産分割をすることも、利益相反行為に該当します。

さらには、親と子とが直接取引の当事者になる場合のみならず、親が子の財産を担保にローンを組む行為も、親子間の利益相反行為になります。担保に供した時点では何も価値が移転していないので、税金は課税されないから何の問題もないで済ませると、利益相反行為になっていたことは見逃しやすいでしょう。

現実社会において、常に特別代理人を選任して取引をしているかというと、そうとは限らないでしょう。節税等のために、子の意思とは関係なく、親が子どもとの取引を自分で決めて実行している場合が多いと思われますが、その取引がはたして有効なのかどうか、考えてみる必要があります。

2 意　　義

(1) 利益相反行為

利益相反行為とは、親権者と子（後見人と被後見人）との間において、または同一親権者の親権に服する複数の子同士（同一の後見人が選任されている被後見人同士）の間において、互いに利益が相反する行為をいいます（民

826)。

　ある行為が利益相反行為にあたるか否かの基準は、もっぱら行為の外形から判断され（形式的判断説。最判昭42.4.21（民集21巻3号671頁））、行為の動機や目的を考慮すべきでないとするのが判例です。

　極論すれば、子の不動産に抵当権を設定する場合において、借入れが親の名義であれば資金使途を問わず利益相反に該当しますが、借入れが子の名義で行われていれば、たとえギャンブル等に浪費する意図であっても、形式的には利益相反に該当しない、という結論になります。

　表2-6に掲げる利益相反に該当するか否かの判断は、不動産取引実務や相続・成年後見の実務において、非常に重要です。

表2-6　利益相反行為の具体例

1 利益相反行為にあたるもの	ア	親権者と子との間における不動産の売買
	イ	親権者と子との間における債権譲渡
	ウ	親権者の債務につき、子を連帯債務者または保証人とし、または子の不動産に抵当権を設定すること（親権者が借入金を子の養育費に充てた場合も同様）
	エ	第三者の債務につき、親権者自ら連帯保証人となるとともに、子を連帯保証人とし、かつ親権者と子とが共有する不動産に抵当権を設定すること（最判昭43.10.8（民集22巻10号2172頁））
	オ	親権者が自己の債権者から債務免除を受ける代償として、その債権者に対する子の債権を放棄すること（大判大10.8.10（民録27輯1476頁））
	カ	更改契約により、債務者を親権者から子へと交替させること（大判大4.7.28（刑録21輯1170頁））
	キ	親権者の債務を子の財産により代物弁済すること（最判昭35.2.25（民集14巻2号279頁））
	ク	親権者と子との間における遺産分割協議（東京高判昭55.10.29（判時987号49頁））
	ケ	親権者を同じくする複数の子の間における遺産分割協議（最判昭48.4.24（家月25巻9号80頁等））

第1節　財産の管理・処分に関する審判　29

2 利益相反行為にあたらないもの	ア 親権者から子に対する負担の付かない贈与
	イ 子の債務につき、子の不動産に抵当権を設定すること（親権者が借入金を自己の用途に費消した場合も同様）
	ウ 第三者の債務につき、子が所有する不動産に抵当権を設定すること（最判平4.12.10（民集46巻9号2727頁））
	エ 親権者と子とが共同して合名会社を設立すること（大判大6.2.2（民録23輯186頁）。株式会社も同様）
	オ 親権者と子とが共同して約束手形を振り出すこと（最判昭42.4.18（民集21巻3号671頁））
	カ 親権者と子とが共有する株式につき、株主の権利を行使するものを親権者と定めること（最判昭52.11.8（民集31巻6号847頁））
	キ 親権者と子とが共同相続人となった場合において、親権者自らが相続の放棄をしたうえで、子の相続を放棄すること（最判昭53.2.24（民集32巻1号98頁。ただし後見人と被後見人との利益相反についての事例））
	ク 子が特別受益を受けているものとして、相続登記の申請書に添付される相続分のないことの証明書を作成すること（昭23.12.18民甲95）

（2） 特別代理人

　利益相反がある場合には、親権者は、家庭裁判所に特別代理人の選任を申し立てなければなりません（民826①）。利益相反行為については、この特別代理人が子を代理する（子に同意を与える）ことになります。特別代理人を選任することなく親権者が利益相反行為をした場合には「無権代理」となり、その行為の効果は、子に及びません（最判昭46.4.20（判時631号53頁）。なお、同意を与えた場合には取り消しうる行為となります）。

　なお、特別代理人は、特定の法律行為をするために個別的に選任されるものであり、選任の目的となった法律行為の完了と同時にその資格が消滅すると解されています（昭23.4.20民甲208）。

　特別代理人の報酬については、審判による旨の規定はありませんが、後見人への報酬付与の規定の類推適用により報酬付与の審判をしている家庭裁判

所もあるため確認が必要です（実務上は、当事者間において直接決定することも多いようです）。

(3) 後見人等への準用

特別代理人の制度は、後見人と被後見人との利益相反行為の場合にも準用されています（民860による826の準用）。ただし、後見監督人がある場合には、後見監督人により代理されるため、特別代理人の選任は必要ありません。

なお、保佐人と被保佐人、補助人と被補助人との利益相反行為については、特別代理人と同様の仕組みとして、臨時保佐人・臨時補助人の制度が用意されています（民876の2③、876の7③）。

3 手続の流れ

特別代理人の選任は、具体的な利益相反行為の内容が明らかになった段階で、その契約書、遺産分割協議書等の原案を添付して、申立てを行います。通常は、あらかじめ利害関係のない者の内諾を得たうえで、その者を候補者として申立てをします。候補者は未成年者のおじ、おば等にあたる者が多いようですが、適任者がいない場合には、専門職に依頼することもあります。

(1) 申立権者

申立てができるのは、親権者（後見人）です（民826）。ただし、民法840条の類推適用により、未成年者、未成年者の親族その他の利害関係人も申請ができると解されており、実務上もこれに従っています。

(2) 管　　轄

子（本人）の住所地を管轄する家庭裁判所です（家事167①）。数人の子の住所地が異なる場合には、そのうち1人の住所地を管轄する家庭裁判所となります。

(3) 即時抗告

特別代理人の選任またはその却下の審判に対しては、不服申立てを認める旨の規定はありません（家事172①）。

4 実務上のポイント

(1) 親権者の一方のみとの利益相反

　父母が共同親権者である場合において、その一方のみと子との間に利益相反関係が生じたときは、特別代理人を選任すべきかが問題となります。この問題については、利益相反のない他方親権者のみが子を代理することはできず、特別代理人を選任したうえで、特別代理人と他方親権者とが共同して子を代理すべき（子の行為に同意を与えるべき）とされています（昭23.4.20民甲208）。

(2) 特別代理人が選任された場合の登記申請

　親権者とその親権に服する子との間の遺産分割協議に基づく相続登記の申請は、親権者からも特別代理人からも申請することができます（昭32.4.13民三379）。この場合の遺産分割協議書は、協議自体が特別代理人によって行われたことが判明する書面でなければなりません（登記申請との関係では、本人の顕名及び特別代理人の記名押印（実印による）が必要となります）。

III 任意後見

1 税理士業務との関係

　仮に「私はAさんの任意後見人として不動産の売却を行った。その所得税の申告をして欲しい」という依頼があったとします。その場合には、その依頼者の行った譲渡が本当に任意後見契約に基づくものか、証拠を入手することが必要です。

　任意後見とは、本人が元気なうちに自ら後見人を定め、その者に代理権を付与する委任契約（任意後見契約）を締結しておくことにより、判断能力が不十分となる事態に備える制度です。任意後見契約は公正証書によってなされ、また家事審判により必ず監督人が選任されることで、不適切な財産管理

を防止する仕組みとなっています。任意後見監督人がまだ選ばれていないのに、「私は任意後見人だからＡさんの財産を管理できるんだ」という話があれば、それはおかしいと気がつかないといけません。

　現実には、明確に代理権を証明できない者が、「私は××の代理です」と言って契約その他を行うことが多いようです。散見されるのが、高齢の親の代わりに子どもが親の名義を使って行う取引です。そもそも親本人に意思能力がなかった場合、第三者からその契約は無効であると主張されかねません。寝たきりの親の財産を推定相続人の１人が次々と処分して行ったような場合には、親の相続発生後に他の相続人と揉める原因になります。

　自称代理人が行う行為については、成年後見等の法定後見が開始しているのか、任意後見契約がされているのか、あるいは単なる委任契約にすぎないものなのか、代理権の内容を十分に確認して業務を行わなければなりません。

2　意　　　義

(1)　任意後見契約

　任意後見契約とは、正確には「委任者が、受任者に対し、精神上の障害により事理を弁識する能力が不十分な状況における自己の生活、療養看護及び財産の管理に関する事務の全部又は一部を委託し、その委託に係る事務について代理権を付与する委任契約であって……（家庭裁判所の審判）により任意後見監督人が選任された時からその効力を生ずる旨の定めのあるもの」（任意後見２一）をいいます。法的な性質は「条件付きの委任契約」であり、契約の効力が発生した後も、本人単独の行為が制限されることはありません。言い換えると、任意後見人には代理権があるのみであり、本人がした行為に対する同意権・取消権はありません。

　ただし、制度の周知の問題もあり、事実上本人単独の銀行取引等が制限されることがあるため、注意が必要です。

①　方　　　式

　任意後見契約は、必ず公正証書によってしなければなりません（任意後見

第１節　財産の管理・処分に関する審判　　33

3）。本人と公証人との面接が必要とされていますが、本人が公証人役場に出頭することができないときは、公証人の出張を受けることも可能です。

なお、公証人が任意後見契約証書を作成したときは、任意後見契約の登記が嘱託されます（後見登記5、公証57の3①）。

② 内　　　容

任意後見人が委任される事務は「身上監護に関する事務」と「財産管理に関する事務」です。すなわち、成年後見人の事務（14頁参照）と同様ですが、契約によって委任する範囲（全部または一部）を定めていくことになります。具体的な定め方としては、「任意後見契約に関する法律3条の規定による証書の様式に関する省令」附録第1号様式による代理権目録が参考になりますが、これに含まれないものでも、1つずつ目録に列挙することにより、適宜委任事項とすることができます（同2号様式）。

任意後見人は委任による代理人であり、包括的な財産管理権が付与されている場合であっても、必ずしも民事訴訟の提起や家事審判の申立てができるわけではありません。また、登記識別情報の受領（不登規62②）その他特別の授権を必要とする行為については、特定に注意が必要です。

③ 効力の発生

任意後見契約の効力は、本人が精神上の障害により事理を弁識する能力が不十分な状況となった場合に、申立てに基づいて、家庭裁判所が任意後見監督人を選任することにより発生します（任意後見4）。任意後見契約の効力発生により、任意後見受任者は任意後見人と呼称が変わり（任意後見2三、四）、身上配慮義務、意思尊重義務をもって委任事務の処理にあたることになります。

なお、任意後見監督人選任の審判があると、裁判所書記官により、任意後見契約の登記の変更が嘱託されます（後見登記5六、七、家事116一、家事規77①三）。

(2) 任意後見監督人

① 選　　　任

ア　選任審判の要件

任意後見では、家庭裁判所の審判により、必ず任意後見監督人が選任されます。選任には、表2−7の要件が必要とされています。

表2−7　任意後見監督人選任審判の要件

1	登記された任意後見契約があること
2	申立権者による選任の申立てがあること
3	本人の事理弁識能力が不十分な状況にあること（注1）
4	法定の障碍事由（任意後見4①各号）がないこと
5	本人の同意があること（任意後見4③、注2）

（注1）　事理弁識能力の程度は、補助開始の要件（民15①参照）に該当する程度以上に不十分な状況にあることが必要とされています。
（注2）　本人が意思を表示できない場合は、同意は不要です。

イ　選任障碍事由

任意後見人の選任要件の1つとして、表2−8の選任障碍事由のないことが必要です。

表2−8　任意後見監督人の選任障碍事由

1	本人が未成年者であるとき
2	本人が成年後見、保佐または補助に付されている場合において、これらを継続することが本人の利益のため特に必要であるとき
3	任意後見受任者に欠格事由があるとき（注）

（注）　欠格事由は、①未成年者、②家庭裁判所で免ぜられた法定代理人、保佐人または、補助人、③破産者、④行方の知れない者、⑤本人に対して訴訟をし、またはした者及びその配偶者並びに直系血族、⑥不正な行為、著しい不行跡その他任意後見人の任務に適しない事由がある者。

② 資　　　格

監督者としての性質上、任意後見受任者（任意後見人）の配偶者、直系血族及び兄弟姉妹は、任意後見監督人となることはできません。

また、法定後見人の欠格事由と同様の欠格事由が定められています（任意後見7④による民847の準用。14頁参照）。

③ 職　　　務

任意後見監督人の職務は、表2−9のとおりです。任意後見では、家庭裁

判所は、任意後見監督人を通じた間接的な監督にとどまります（任意後見7①③）。

表2-9　任意後見監督人の職務

1	任意後見人の事務を監督すること（注）
2	任意後見人の事務に関し、家庭裁判所に定期的に報告をすること
3	急迫の事情がある場合に、任意後見人の代理権の範囲内において、必要な処分をすること
4	任意後見人またはその代表者と本人との利益が相反する行為について、本人を代表すること

（注）　具体的には、任意後見人から事務の報告を受け、事務または財産の状況を調査し（任意後見7②）、必要な指示を行う。任意後見人の解任請求も認められている（任意後見8）。

④　法定後見に関する規定の準用

　以上において述べたほか、任意後見監督人には、法定後見における辞任（民844）、解任（民846）、報酬（民862）等の規定が準用されています（任意後見7④。17頁以下参照）。

（3）　任意後見契約の終了

①　契約解除

　まず、任意後見契約は、その効力発生「前」においては、いつでも合意解約または一方的な意思表示よる解除が可能ですが、解除の意思表示は、公証人の認証を受けた書面によってしなければなりません（任意後見9①）。認証とは、公正証書の作成とは異なり、公証人が当事者の真意に基づいて文書が作成されたものであることを確認する手続のことです（公証58以下）。

　以上に対し、任意後見契約の効力発生「後」においては、正当な事由と家庭裁判所の許可が必要とされており、無思慮な解除や受任者による無責任な解除が制限されています（任意後見9②）。

　なお、解除により任意後見契約が終了した場合には、その登記が嘱託されることはないため、当事者による申請が必要です（後見登記8②③）。

②　任意後見人の解任

　任意後見人に不正な行為、著しい不行跡その他その任務に適しない事由が

あるときは、任意後見監督人、本人、その親族または検察官は、任意後見人の解任を、家庭裁判所に対し申し立てることができます（任意後見8）。これらの者は、法定後見を開始させることによって、任意後見を終了させることもできます（民7、11、15、任意後見10③）。

③　その他

任意後見契約は委任契約であり、委任者の死亡または破産手続開始決定により、受任者の死亡、破産手続開始決定または後見開始の審判により終了します（民653）。

3　手続の流れ

任意後見は、判断能力が十分なうちに任意後見契約を締結しておき、後日判断能力が低下した段階で、任意後見監督人の申立てを行うという流れ（将来型）が本来の姿といえます。しかし現実には、判断能力に不安が生じてから任意後見契約を締結し、直後に任意後見監督人の申立てを行う形式（即効型）も多いところです。判断能力が十分でも、身体的能力の低下により財産の管理ができなくなる事態に備え、任意後見契約と併せて財産管理の委託を内容とする委任契約（民643以下）を締結したうえで、当該委任契約から任意後見契約への移行を図ること（移行型）も、少なからず行われています。また、任意後見の前段階として、定期的な見守りを内容とする契約が締結されていることもあります。

契約がどの段階にあるかを確認することが、重要といえます。

(1)　申立権者

任意後見監督人の選任の申立てができるのは、本人、配偶者、4親等内の親族または任意後見受任者です（任意後見4①）。

任意後見監督人の選任には改めて本人の同意が必要ですが、実際にはこの同意を逡巡する場合が多く、実務上でトラブルとなるケースもあります。

(2)　管　　轄

本人の住所地を管轄する家庭裁判所です（家事217①）。後日、任意後見監

督人の辞任、解任、報酬付与等により家事審判が必要となる場合も、同家庭裁判所の管轄となります（家事217②）。

（3）即時抗告

　任意後見監督人の選任の審判に対しては、即時抗告を認める規定はありません。これに対し、申立てを却下する審判に対しては、申立人による即時抗告が認められています（家事223一）。

4 実務上のポイント

（1）代理権の不足

　任意後見契約が効力を生じた後、よく見られるのが「代理権の不足」という事態です。例えば、土地の売却に関して代理権を与える旨の任意後見契約が効力を生じた後、その土地と隣地との境界が不明確であることが判明した場合や、土地の一部が第三者に賃貸されていたことが判明したような場合には、売却以外の行為についても代理権が与えられていなければ、任意後見人の事務に支障が生じることになります。建物の売却について代理権が与えられているにもかかわらず、そのための修繕や、建物内にある動産の処分について代理権が与えられていないような場合も、同様の問題は生じます。

　任意後見契約において定められた代理権の範囲が本人の保護に不足するにもかかわらず、本人が再度契約できない状態にある場合や、同意権・取消権による保護を必要とする場合には、法定後見（12頁以下参照）に移行せざるをえないこととなります。

　なお、任意後見人の代理権の範囲について「財産の管理または処分」が含まれている場合には、その管理または処分に係る不動産の登記申請についても代理権が及ぶことから、当該代理権の範囲に不動産の登記の対象となる物件が特定されていないときであっても、当該登記事項証明書を登記申請代理人の代理権を証する書面（不登令7①二）として取り扱っても差し支えない旨の登記先例があります（平15.2.27民二601）。

（2） 任意後見と法定後見との関係

　任意後見と法定後見とが競合する場合には、任意後見が優先し、両者が併存することはありません。すなわち、①任意後見契約が登記されている場合には、法定後見が開始されるのは本人の利益のため特に必要があるときに限られています（任意後見10①）。②仮に法定後見が開始された場合でも、それが任意後見契約の効力発生前（任意後見監督人の選任前）であれば任意後見契約は存続し、その後に任意後見監督人選任の申立てがされたときは、法定後見を継続することが本人の利益のために特に必要であると認められる場合でない限り、法定後見は中止され、任意後見監督人の選任がなされます（任意後見4①二）。

Ⅳ　不在者の財産管理・失踪宣告

1　税理士業務との関係

　相続税申告業務を行うにあたっては、初期段階で法定相続人を確定させますが、まれに戸籍に記載があるだけで連絡をする方法が全くない人が出てくることがあります。これを「不在者」と呼びます。相続人中に不在者がいる場合には、遺産分割協議を相続人全員で行うことができないため、不在者の財産管理人を選任することになります。その不在者財産管理人が権限外行為の許可を家庭裁判所から受けることにより、分割協議を成立させることが可能となります（昭39.8.7民三597）。

　権限外行為とは、遺産分割や相続放棄、財産の売却処分等をいいます。不在者財産管理人は財産の保存行為や利用・改良行為が認められていますが、それを超える「処分行為」までは権限がないため、その都度、家庭裁判所の許可を受ける仕組みになっているわけです。

　さらに、不在の状態が長期間続くことにより、その不在者を死亡したものとみなすことができる制度（失踪宣告）も用意されています。例えば、父親

が突然行方知れずになってもう7年も戻って来ない、連絡先もわからないという母子家庭の場合では、土地家屋を売って生計に充てたいと考えても、名義が父親のままなので売却ができません。そのような場合には、失踪宣告を受けることで相続が開始すれば、遺族が父親の財産を処分することが可能となります。

2 意 義

（1） 不在者の財産管理
① 不 在 者
　従来の住所または居所を去ったまま、容易に帰来する見込みのない者を「不在者」といいます。生死不明の者に限られるわけではなく、生存が確認できる者であっても、利害関係人から連絡をする方法が全くなければ不在者に該当します。

　不在者が従来の住所または居所に財産を残置している場合に、その財産を管理する者がいないとき、または不在者自身が置いた財産管理人に管理を継続させることが不適当となったときは、家事審判により、必要な処分がなされます（民25①）。必要な処分とは、具体的には、不在者財産管理人が選任されることになります。この場合、不在者に一方的に不利益な処分をすること（例えば、不在者というだけで具体的相続分を零とすること）はできませんので、注意が必要です。

② 不在者財産管理人
ア　選任・改任
　不在者財産管理人は、①不在者が財産の管理人を置かなかった場合、または②不在者の置いた管理人の権限が消滅した場合において、利害関係人または検察官の申立てにより、家事審判によって選任されます（民25①）。

　また、不在者が管理人を置いた場合であっても、その後に不在者が生死不明となったときは、利害関係人または検察官の申立てにより、当該管理人は家庭裁判所の監督下に入ることになります（民26、27②、家事146②後段、④、

なお権限外行為に家庭裁判所の許可を要することにつき民28後段)。

 イ 職務・権限

　家庭裁判所により選任された不在者財産管理人と不在者とは、委任に準じる関係となり、善管注意義務その他の委任の規定が準用されます（表2-10参照。家事146⑥による民644、646、647、650の準用）。

　不在者財産管理人の権限は、①財産の減失・損壊を防ぎ、現状を維持する行為（保存行為）、②目的物の性質を変えない範囲での利用・改良行為にとどまり（民103）、これを超える行為をする場合には、家庭裁判所の許可を得なければなりませんので（民28前段）、十分な注意を要します。

　なお、不在者財産管理人は、家庭裁判所の審判により、報酬を受けることもできます（民29②）。

表2-10　不在者財産管理人のその他の義務

1	財産目録の作成義務（民27①）
2	担保の提供義務（民29①）
3	財産の状況報告・管理の計算義務（家事146②）

（注）　財産目録の作成、財産の状況報告及び管理の計算に必要な費用は、不在者の財産の中から支弁する（民27①後段、家事146③）。

 ウ 管理の終了

　家庭裁判所により選任された不在者財産管理人は、任意に辞任することはできず、辞任する場合には、家庭裁判所に改任（現任者の退任と新任者の選任）の審判を申し立てることになります（家事146①）。

　家庭裁判所が不在者財産管理人を選任した後、不在者が自ら財産を管理できるようになった場合、自ら管理人を置いた場合、死亡が明らかとなった場合、失踪宣告があった場合には、不在者財産管理人の選任の処分が取り消されることにより、管理は終了します（民25②、家事147）。不在者の死亡等の事実により、当然に消滅するものではありません（大阪高判昭30.5.9（家月33巻11号56頁））。

（2） 失踪宣告

　失踪宣告は、不在者の生死が明らかでない状態が継続している場合に、これを死亡したものとみなして、従来の住所または居所を中心とする法律関係を確定させようとするものです。失踪宣告により、相続が開始し、婚姻関係が解消されることになります。

① 普通失踪

　失踪宣告には、普通失踪と特別失踪との2種があります。このうち普通失踪は、不在者の生存が最後に確認された時から7年間経過すると認められるものであり、家庭裁判所の宣告（審判）により、不在者は死亡したものとみなされます（民30①）。

　死亡とみなされる時期は、失踪の時ではなく、7年の失踪期間が満了した時ですので注意が必要です（民31）。

② 特別失踪

　特別失踪は、不在者の生死不明の原因が、戦争、船舶または航空機事故、天災等の「危難」によるものである場合に、失踪期間を1年に短縮するものです（民30②）。「危難」には、海水浴、登山のような個人的遭難も含まれると解されています（大阪高決平5.3.8（家月46巻5号28頁等））。

　死亡がみなされる時期は、危難が去った時となります（民31）。

③ 失踪宣告の取消し

　失踪宣告は、①失踪者が生存していること、②失踪者が死亡したものとみなされた時期と異なる時期に死亡していたこと、③失踪期間中のいずれかの時期に生存していたことのいずれかが証明されたときは、本人または利害関係人の請求に基づく家庭裁判所の審判により、取り消されることがあります（民32①前段）。

　取消しにより、失踪宣告は遡ってなかったものとなりますが、死亡を前提とした行為（相続財産の売却、残留配偶者の再婚など）が当事者双方の善意のもとに行われている場合には、当該行為の効力は維持されます（民32①後段、財産関係につき大判昭13.2.7（民集17巻1号59頁））。

　また、失踪宣告を直接の原因として財産を取得した者（相続人、受遺者、

生命保険金受取人等）は、現存利益の限度でこれを返還すれば足りるとされています（民32②）。

3 手続の流れ

(1) 不在者財産管理人の選任

　不在者財産管理人の選任の申立ては、それのみが独立して行われることはほぼなく、通常は財産の処分や遺産分割といった現実のニーズがある際に、それを解決するために行われることが多いものです。その場合は、選任の審判があった後、改めて権限外許可の申立てをすることになります。もっとも、不在者財産管理人の職務はそれで終了するわけではなく、不在者の財産が存在する限り継続するため、注意が必要です。

① 申　立　権　者

　不在者財産管理人の選任申立てができるのは、利害関係人及び検察官です（民25①）。「利害関係人」とは、不在者の債権者・債務者や共同相続人をいい、単なる友人や隣人は含みません。また、不在者の財産の買収を意図しているというだけでは利害関係人に含まれませんが、不在者の財産を無断で変更したことにより不法行為が成立している場合には、これに含まれると解されています（大分家審昭49.12.26（家月27巻11号41頁））。

② 管　　　轄

　不在者の従来の住所地または居所地を管轄する家庭裁判所です（家事145）。

③ 即 時 抗 告

　不在者の財産管理人の選任またはその却下の審判に対して、即時抗告を認める旨の規定はありません。

(2) 不在者財産管理人の権限外行為の許可

① 申　立　権　者

　申立てができるのは、不在者財産管理人です（民28）。

② 管　　　轄

　不在者の従来の住所地または居所地を管轄する家庭裁判所です（家事145）。

③ 即時抗告

不在者の権限外行為の許可またはその却下の審判に対して、即時抗告を認める旨の規定はありません。

(3) 失踪宣告

失踪宣告は死亡の擬制という強い効果を持つものであることから、家庭裁判所による慎重な調査が行われるようです。この調査により不在者の生存が判明した例もありますので、留意しておくべきといえます。

失踪宣告の申立てがあったことは、普通失踪の場合には最低3か月、特別失踪の場合には最低1か月の期間を定めて公告がされ、この期間中に生存の申出がないことを待ったうえで、審判がなされます（家事148③）。

① 申立権者

申立権者は利害関係人とされていますが（民30①）、単なる利害関係人では足りず、配偶者、法定相続人、親権者、不在者財産管理人等に限られます。不在者の債権者、債務者その他取引の相手方は、不在者財産管理人の選任を申し立てれば足りるため、不在者の死亡により債務が消滅するような者でない限り、一般には利害関係人には該当しないと解されます。

② 管　　轄

不在者の従来の住所地または居所地を管轄する家庭裁判所です（家事148）。

③ 即時抗告

失踪宣告を認める審判に対しては不在者または利害関係人から、失踪宣告の申立てを却下する審判に対しては申立人から、即時抗告が認められています（家事148⑤）。

4 実務上のポイント

(1) 不在者財産管理人の権限外行為の許可

不在者財産管理人の行為について、許可を要する行為と要しない行為とを例示すると、次頁の表2-11のようになります。

表2-11　家庭裁判所の許可の要否

1　許可を要する行為	ア　遺産分割
	イ　相続放棄
	ウ　財産の売却処分（売却処分に係る譲渡所得税の申告に関しては、改めて許可を要しない）
	エ　借地権・借家権の設定
	オ　金融商品の購入
	カ　金銭の貸付け
	キ　訴えの提起・取下げ
	ク　訴訟上の和解・調停等
2　許可を要しない行為	ア　建物の修繕（を目的とする請負契約）
	イ　未登記不動産の登記（登記義務者となる場合を含む）
	ウ　賃貸借（不動産を除く）
	エ　時効の中断
	オ　期限の到来した債権の取立て
	カ　期限の到来した債務の弁済
	キ　銀行預金の払戻し・預入れ
	ク　腐敗しやすい物の処分
	ケ　訴訟代理人の選任
	コ　支払督促の申立て
	サ　応訴・控訴・上告

（2）　帰来弁済型の遺産分割協議

　遺産分割協議のために不在者財産管理人が選任された場合には、不在者財産管理人には、原則として不在者の法定相続分を確保することが求められます。しかし、不在者が帰来する可能性が低く、その推定相続人もいないときは、不在者の取得した財産が長期間にわたって現物で残存することが最終的な解決にならないことが多いため、家庭裁判所の許可を得たうえで、「相続財産は他の相続人が取得し、不在者が帰来したときは、取得者が不在者に対し相続分相当額の代償金を支払う」内容の協議を成立させることがあります。これを「帰来弁済型」の遺産分割と呼んでいます。もっとも、帰来弁済型の

遺産分割も万能ではなく、代償義務を負う相続人が将来においても十分な資力を有していることが重要な要素とされます。

　帰来弁済型の遺産分割協議では、相続時及び帰来時（または帰来不能の判明時）において、課税関係がどうなるかが問題となりますが、確定した取扱いはないようです。帰来の可能性に応じて、課税庁との協議が必要となります。

第2節　相続に関する審判

I　相続の承認・放棄

1　税理士業務との関係

　相続人は、相続の開始があったことを知った日から3か月以内に、①単純承認、②限定承認、③放棄のいずれかを選択しなければなりません。相続税の申告、そして所得税の準確定申告の初期段階においては、これらへの対応が求められることがありますが、一般論としては、被相続人の負債が財産を上回っていることが明らかな場合には放棄を、負債があっても後に財産が判明する可能性のある場合には限定承認を選択する、というのが、通常の対応となります。

　3種類の方法のうち、放棄と限定承認は、家庭裁判所に対する申述によって行います。他方、3か月の申述期間内に何もしなければ、自動的に単純承認を選択したことになります。また、相続人達が早く現金が欲しいからと、被相続人の預金を解約する等、財産の一部を処分してしまったときも、単純承認をしたものとみなされます。単純承認前に相談を受けた際は、財産に手を付けないよう助言する必要があります。

　相続放棄（限定承認）との関係でよく問題となるのが、生命保険金の受取りです。例えば、被相続人が生存中に「自分には大きな借金が残っていて相続人には相続放棄（限定承認）をさせたい、でも少しはお金を遺したい」という場合に、生命保険に加入し、保険金の受取人をその相続人に指定してお

くことがあります。この場合、保険金はみなし相続財産として相続税の計算に影響しますが、民法上は相続財産ではなく、受取人固有の財産であるため、受取人が相続の放棄（限定承認）を選択した場合でも保険金を受け取ることが可能です。つまり、生命保険の受取人が保険金を受け取っただけでは相続を単純承認したとはみなされないため、この点は留意する必要があります。

2 意　　　義

①単純承認とは、相続財産を無条件で承継するもの、②限定承認とは、プラスの財産の限度で相続債務を弁済するという留保を付けたうえで承継するもの、③放棄とは、一切の相続財産の承継を拒否するものです。

(1) 熟慮期間

① 起算時期

ア　原　　則

相続人は、自己のために相続の開始があったことを知った時から3か月以内に、単純承認、限定承認または放棄をしなければなりません（民915①本文）。これは通常、相続人が①被相続人の死亡の事実、及び②自己が相続人であることを知った時から3か月という意味ですが（大決大15.8.3（民集5巻679頁））、この期間内に限定承認または放棄をしなかったことが被相続人に相続財産が全くないと信じたためであり、かつそう信じるについて相当な理由があると認められるときには、相続人が相続財産の全部または一部の存在を認識した時または通常これを認識しうるであろう時から起算することが許されています（最判昭59.4.27（民集38巻6号698頁））。したがって、例えば熟慮期間経過後に債務の存在が明らかとなったような場合でも、相続放棄は許されることになります。また、法律を知らないために自分が相続人となったことを知らなかったときも、熟慮期間は開始しないとする旨の審判例もあります（福岡高決昭23.11.29（家月2巻1号7頁））。

さらに近年では、積極財産の存在を知っていた場合であっても、相続債務が全くないと信じ、かつ、そのように信じたことについて相当の理由がある

ときは、相続人が相続債務の請求を受けてその存在を認識したときから熟慮期間を起算することも認められるようになってきています（名古屋高決平19.6.25（家月60巻1号96号）、東京高決平19.8.10（家月60巻1号102頁））。

なお、熟慮期間は相続人ごとに別々に進行します（最判昭51.7.1（家月29巻））。限定承認は、相続人全員が共同してしなければなりませんが、最後に相続開始を知った相続人を基準とすれば足ります。

　イ　再転相続の場合

再転相続とは、相続人が熟慮期間中に、相続の承認または放棄を行わずに死亡してしまった場合に、その死亡した者の相続人が、前相続人の承認・放棄する権利を承継取得することをいいます。

再転相続の場合の熟慮期間は、その者の相続人が自己のために相続の開始があったことを知った時から起算します（民916）。

　ウ　相続人が未成年者または成年被後見人である場合

相続人が未成年者または成年被後見人であるときは、熟慮期間は、その法定代理人が未成年者または成年被後見人のために相続の開始があったことを知った時から起算します（民917）。

なお、被保佐人については、保佐人の同意を得て承認または放棄を自ら決定することができるため（民13①六参照）、本条は適用されません。

② 伸　　長

相続財産が多い、分散している等の理由により、相続開始を知ってから3か月以内にその調査・確定が困難である場合には、利害関係人（相続人を含みます）または検察官は、家庭裁判所に対して熟慮期間の伸長を申し立てることができます（民915①）。

(2) 単純承認

① 効　　果

相続人が単純承認をしたときは、被相続人の一身に専属するものを除き、無限にその権利義務を承継します（民920）。

② 法定単純承認

相続人が法律に定められた一定の行為（下記ア～ウの行為）をしたときは、

単純承認をしたものとみなされます。これを「法定単純承認」と呼んでいます。無意識的に法定単純承認に該当してしまうことが非常に多いため、注意が必要です。

ア　相続財産の処分

相続人が相続財産の全部または一部を処分した場合には、それが保存行為または短期賃貸借であるときを除き、単純承認をしたものとみなされます（民921一）。ここにいう「処分」は、売却その他の法律上の処分のみならず、損壊、廃棄等の事実上の処分も含まれます。

もっとも、「処分」は、相続人が被相続人の死亡の事実を知った後か、確実に死亡を予想しながらしたものである必要があります（最判昭42.4.27（民集21巻3号741頁））。

なお、相続財産の処分が限定承認または放棄の後にされた場合は、後述ウの「私かに消費（民921三）」に該当するかを検討することになります。

イ　熟慮期間の経過

相続人が熟慮期間内に限定承認または放棄をしなかったときも、単純承認が擬制されます（民921二）。

ウ　背信行為

相続人が、限定承認または相続の放棄をした後に、相続財産の全部もしくは一部を隠匿し、私かにこれを消費し、または悪意でこれを相続財産の目録中に記載しなかったときも、単純承認が擬制されます。

「隠匿」とは、相続財産の存在が容易にわからないようにすることをいいいます。また「私かに消費」とは、他人に知られないように、または自分一人の利益のために、処分その他の方法により相続財産を消耗することをいいます。「財産目録への悪意の不記載」とは、限定承認がされた場合に作成される財産目録に、相続債権者を害する意図をもって相続財産を記載しないこと（相続債務の不記載を含みます）です。

これら3つの態様のいずれにおいても、相続債権者に損害を与える意図をもってなされることが必要です。

なお、先順位の相続人が相続の放棄をした後、次順位相続人が単純承認を

した場合には、先順位相続人が背信行為をしたときでも、先順位相続人が単純承認をしたものとみなされることはなく（民921三ただし書）、この場合、先順位相続人は次順位相続人に対し損害賠償責任を負うこととなります。また、限定承認後に背信行為をした者は、相続債権者に対し単純承認をした場合と類似の責任を負うこととなります（民937）。

(3) 限定承認
① 効　　果
限定承認は、相続によって得た財産の限度においてのみ、被相続人の債務及び遺贈を弁済すべきことを留保する承認です（民922）。相続財産のうち、プラスの財産とマイナスの財産とのいずれが大きいかが熟慮期間の伸長をもってしても判然としない場合に、存在意義のある制度です。

限定承認によって限定されるのは、債務でなく責任であり、相続債務は「責任なき債務」となります。言い換えると、限定承認により相続債権者は相続人に対し強制執行をすることはできなくなりますが、相続人が任意に相続債務を弁済すること自体は可能です。

② 方　　式
限定承認をするには、熟慮期間内に、相続財産の目録を作成して家庭裁判所に提出し、限定承認をする旨を申述しなければなりません（民924）。相続人が数人あるときは、共同相続人の全員が共同してのみこれをすることができ（民923）、熟慮期間の起算時は、最後に相続の開始を知った者が基準となります。

③ 清算手続
限定承認がされると、限定承認者（相続人が複数ある場合には、その中から家庭裁判所が選任する相続財産管理人）による相続財産の清算が行われます（民926、936）。

まず、限定承認者は、限定承認の申述が受理された日から5日以内（相続財産管理人であれば、選任後10日以内）に、①限定承認をしたこと、②2か月以上の一定の期間内に相続債権及び遺贈の請求の申出をすべき旨を、申出をしなければ清算手続から除かれる旨を付記して、官報により公告しなけれ

ばなりません。また、知れている相続債権者及び受遺者に対しては、各別に催告しなければなりません（民927）。時期により、官報公告の申込みから実際の掲載までは、2週間以上かかる場合があるため、注意が必要です。

被相続人の財産は、原則として競売の方法により換価されて相続債務の弁済に充てられ（民932本文）、残余があれば相続人に交付されることになります。ただし、相続人が特定の相続財産を承継したい場合には、家庭裁判所に鑑定人の選任を申し立て、その鑑定価額以上の金員を支払うことにより、競売を停止させてその財産を取得することが認められています（「先買権」といいます。民932ただし書）。

（4）放　　棄
①　効　　果
放棄は、相続財産の承継を拒否するものであり、放棄者は、当該相続に関して初めから相続人とならなかったものとみなされます（民939）。ただし、放棄者は、他の共同相続人、次順位相続人または相続財産管理人が相続財産の管理を始めることができるまで、自己の財産におけるのと同一の注意をもって、相続財産の管理を継続しなければなりませんので（民940）、注意が必要です。

②　方　　式
放棄についても、熟慮期間内における家庭裁判所に対する申述が必要です（民938）。

（5）撤回、取消しまたは無効
①　撤　　回
単純承認、限定承認または放棄のいずれかをしたときは、熟慮期間内であっても、撤回することはできません（民919①）。

②　無効または取消し
単純承認、限定承認及び放棄は、詐欺や強迫によって行った場合や未成年者が親権者の同意なく行った場合には、取り消すことができます。限定承認と放棄については、取消しの際も家庭裁判所に対する申述が必要となります（民919④）。

ただし、この取消権は、追認をすることができる時から 6 か月経過したとき、もしくは承認または放棄の時から10年経過したときに消滅します（民919②③）。

　なお、法律上は「取消し」についてのみ規定がありますが、例えば真意に基づかない承認・放棄があった場合に、「無効（錯誤による無効）」を主張することもできると解されています（最判昭29.12.24（民集 8 巻12号2310頁））。

3　手続の流れ

(1)　熟慮期間の伸長
①　申立権者
　申立てができるのは、利害関係人（相続人・包括受遺者を含みます）及び検察官です（民915①ただし書、990）。
②　管　　　轄
　相続が開始した地、すなわち被相続人の最後の住所地（住所が知れないときは居所）を管轄する家庭裁判所です（家事201①）。
③　即 時 抗 告
　熟慮期間の伸長を認める審判に対しては、即時抗告を認める規定はありません。これに対し、申立てを却下する審判に対しては、申立人による即時抗告が認められています（家事201⑨一）。

(2)　限 定 承 認
　限定承認は、負債はあるけれども後にプラスの相続財産が判明する可能性がある場合に、手続負担を覚悟のうえで、その可能性に賭ける制度ということができます。申述は相続人（包括受遺者）全員が共同して行わなければならないため、事前にコンセンサスを形成する必要もあります。また、先買権（前頁参照）により、相続人が特定の財産を取得できるようにもなっていますが、当然ながら鑑定価額以上の現金を用意しなければなりません。

　手続開始後は、相続財産は、原則として競売により換価されることになります。相続財産に流通価値がなければ、入札者が現れず、清算手続が終了し

ない可能性も想定する必要があります。

　限定承認の選択にあたっては、これらのデメリットを考慮のうえ、本当にメリットを享受できるのか、十分に検討する必要があるといえます。

① 申　立　権　者

　申述ができるのは、相続人及び包括受遺者です（民915①、990）。これらの者は、全員で共同して申述しなければなりません（民923）。

② 管　　　　轄

　相続が開始した地、すなわち被相続人の最後の住所地（住所が知れないときは居所）を管轄する家庭裁判所です（家事201①）。

　限定承認した相続人が先買権を行使するために鑑定人の選任を申し立てる場合も、同裁判所が管轄権を有します。

③ 即　時　抗　告

　限定承認の申述を受理する審判に対しては、即時抗告を認める規定はありません。これに対し、申述を却下する審判に対しては、申述人による即時抗告が認められています（家事201⑨三）。

(3) 放　　　　棄

　相続の放棄は、3か月の熟慮期間を徒過しないことが一番重要な点といえます。もっとも、熟慮期間の起算時は柔軟に解釈されており（48頁参照）、家庭裁判所において厳密に審査されることはありません。実際には、相続放棄の無効を主張してまで債権を行使する相続債権者は多くないと思われるため、相続開始後に債務の存在が明らかとなったような場合であれば、積極的に放棄の申述を検討すべきといえます。

① 申　立　権　者

　申述ができるのは、相続人及び包括受遺者です（民915①、990）。

② 管　　　　轄

　相続が開始した地、すなわち被相続人の最後の住所地（住所が知れないときは居所）を管轄する家庭裁判所です（家事201①）。

③ 即　時　抗　告

　放棄の申述を受理する審判に対しては、即時抗告を認める規定はありませ

ん。これに対し、申述を却下する審判に対しては、申述人による即時抗告が認められています（家事201⑨三）。

4　実務上のポイント

(1)　法定単純承認の具体例

上述のとおり、熟慮期間内であっても、相続人が相続財産を処分した場合には単純承認とみなされ、その後は限定承認・放棄ができなくなります。処分に該当するもの、しないものの具体例は、表2-12のとおりです。

表2-12　相続財産の処分（民921一本文）

1　処分に該当するもの	ア　預金の解約
	イ　金銭債権の取立て（最判昭37.6.21（家月14巻10号100頁））
	ウ　不動産その他の財産の譲渡（親権者が相続人である子を代理して処分したケースにつき大判大9.12.17（民録26輯2043頁））
	エ　株主権の行使（東京地判平10.4.24（判タ987号233頁））
	オ　不動産賃料の入金口座の変更
	カ　建物賃借権の確認訴訟の提起（東京高判平元3.27（高裁例集42巻1号74頁））
2　処分に該当しないもの	ア　建物の失火による焼失
	イ　経済的価値のないものの形見分け
	ウ　相当な範囲における葬式費用の支出
	エ　死亡保険金の請求及び受取り並びにこれをもって行った相続債務の一部弁済（福岡高（宮崎）決平10.12.22（家月51巻5号49頁））

(2)　事実上の相続放棄

熟慮期間が徒過してしまった場合等、正規の相続放棄の手続をとらず、「事実上の相続放棄」と呼ばれる方法がとられるケースがあります。具体的には、一部の相続人が特別受益を受けているものとして、他の相続人に相続財産を集中させる方法です（昭28.8.1民甲1348、昭8.11.21民甲1314等）。特別受益の証明は意思表示ではなく事実の証明であり、未成年者（この事例では満17

歳）が自ら証明することもできますし（昭40.9.21民甲2821）、親権者が共同相続人である未成年者を代理して証明する場合でも特別代理人の選任は要しないものとされています（昭23.12.18民甲95）。

しかしながら、この方法では相続債務の承継を免れることはできず、相続人全員の合意により相続債務を1人に集中させたとしても、それを債権者に主張することはできませんので、注意が必要です。

(3) 限定承認におけるみなし譲渡所得

限定承認をした場合に特有の課税として、相続の時における価額により、資産の譲渡があったものとみなされ、譲渡所得税が課税されます（所法59①一）。相続人は、相続によって得た財産の限度においてのみ、この譲渡所得税を納付する責任を負います（国通法5①）。

Ⅱ 遺産分割

1 税理士業務との関係

遺産分割は、まずは共同相続人全員で協議を試みたうえで、それが不調に終わった場合は家庭裁判所で家事調停を行い、調停も不成立なら審判による、という手順が一般的です。

税理士が遺産分割について助言する場合、申告税額の算定という最終目標があるためか、相続税計算に関係あるものは全部取り込んで資産と負債の分配を考える傾向があります。例えば、相続税の課税対象となる財産は、被相続人が相続開始時において所有していた財産です。また、生命保険金や死亡退職金は、みなし相続財産に含められます。税理士はそれを念頭に置いていることから、課税対象財産とその評価を基準にして分割のアドバイスを考えます。

これに対し、家庭裁判所では、相続開始時ではなく、現実の遺産分割時を基準として財産を評価し、遺産分割時に現存しない財産は分割の対象としな

いのが基本です。また、銀行の普通預金債権のように当然に分割される財産や、生命保険金のような相続人固有の財産は、1つの判断材料とはなるものの、遺産分割そのものとしては対象外となります。

　このような違いから、家庭裁判所が遺産分割に関与する場合には、予定していた納税計画に支障が生じる場合があります。とりわけ、相続人中に被後見人や不在者がいる場合には、遺産分割が家庭裁判所の管理下に置かれることになり、法定相続分の確保という要請が強く働きますので、注意が必要といえます。

2　意　　　義

　遺産の分割について共同相続人間に協議が調わないとき、または協議をすることができないときは、各共同相続人は、家庭裁判所に対し、その分割を請求することができます（民907②）。法律上は調停または審判のいずれからでも始められるようになっていますが、現実には、いきなり審判が申し立てられた場合でも家庭裁判所が職権で調停に付し（家事274）、当事者の自主的な解決を促す例が多いようです。

　審判による分割においても、協議による分割と同様に、現物分割が原則です。ただし、家庭裁判所は、必要性が認められるときは、相続人に対し、遺産の全部または一部を競売して換価することを命ずることができます（家事194①）。また、家庭裁判所が相当であると認めるときは、相続人中に競売によるべき旨の意思を表示した者がない限り、遺産の任意売却を命じることもできます（換価分割。家事194②）さらに、特別の事情があると認めるときは、共同相続人の1人または数人に他の共同相続人に対する債務を負担させることにより、現物をもってする分割に代えることもできます（代償分割。家事195）。

　審判においては、家庭裁判所は、金銭の支払い、物の引渡し、登記義務の履行その他の給付を命ずることができるとされています（家事196）。

3 手続の流れ

(1) 申立権者
　遺産分割の審判の申立てをすることができるのは、各共同相続人（その法定代理人、特別代理人を含みます）、包括受遺者（民990）及び相続分を譲り受けた者（民905①）です。

(2) 管　　轄
　相続が開始した地、すなわち被相続人の最後の住所地（住所が知れないときは居所）を管轄する家庭裁判所です（家事201①）。
　ただし、調停から審判に移行した場合は、調停をしていた家庭裁判所（相手方となる他の共同相続人の住所地を管轄する家庭裁判所）がそのまま審判を行うことがほとんどのようです。

(3) 即時抗告
　遺産の分割の審判及びその申立てを却下する審判に対しては、相続人による即時抗告が認められています（家事198①一）。

4 実務上のポイント

(1) 遺産分割の対象となる財産
① 可分債権
　可分債権（とりわけ普通預金債権）は、法定または指定相続分に従って当然に分割承継されるため、遺産分割の対象とはなりません。したがって理論上は、各相続人が相続分に応じて別々に預金の引出しが可能ということになりますが、金融機関においては、預金全額について相続人全員が協力して解約・引出しをするよう求められるのが通常です。

② 現　　金
　現金については、遺産分割までの間にある相続人が相続財産としてこれを保管している場合に、他の相続人は、自己の相続分に対応する額であっても、その支払いを求めることができないとされています（最判平4.4.10（家月44

巻8号16頁))。つまり、紙幣・貨幣が1つごとに相続人の共有財産となり、遺産分割の対象になります。

③ 果　　実

遺産から生じた果実（天然果実及び法定果実。民88）の取扱いについては諸説あるところです。最高裁は、遺産に属する賃貸不動産を使用管理した結果、生じた賃料債権(当該不動産の法定果実にあたるもの)の取扱いに関し、相続開始後、遺産分割前に生じた賃料債権は「遺産とは別個の財産というべきであって、各共同相続人がその相続分に応じて分割単独債権として確定的に取得するもの」と解されるため、その「帰属は、後にされた遺産分割の影響を受けない」旨を判示しています（最（一小）判平17.9.8（民集59巻7号1931頁））。

(2) 遺産の再評価

各共同相続人の具体的相続分（特別受益と寄与分を考慮した後の相続分）は、相続開始の時における遺産の評価に基づいて算定されることから、相続開始後、遺産分割の協議が成立するまでに相当長期の時間が経過しているときは、遺産を再評価したうえで分割することが望ましいと考えられます（札幌高決昭39.11.21（家月17巻2号38頁）等参照）。

例えば、被相続人Aに妻B、子C及びDがおり、CがAから特別受益として生前贈与(贈与時評価500万円)を受けていた場合で、相続開始時に5,500万円だった相続財産の評価が分割時に6,600万円に上昇したケースを想定すると、次のように考えられます。

【具体的相続分】
　　B：(5,500万円+500万円)×1/2＝3,000万円
　　C：(5,500万円+500万円)×1/4－500万円＝1,000万円
　　D：(5,500万円+500万円)×1/4＝1,500万円

【具体的相続分割合】
　　B：3,000万円÷(3,000万円+1,000万円+1,500万円)＝6/11
　　C：1,000万円÷(3,000万円+1,000万円+1,500万円)＝2/11
　　D：1,500万円÷(3,000万円+1,000万円+1,500万円)＝3/11

【各共同相続人が分割により取得すべき遺産の価額】
　　B：6,600万円×6/11＝3,600万円
　　C：6,600万円×2/11＝1,200万円
　　D：6,600万円×3/11＝1,800万円

（3）　法定相続分と異なる割合の相続分を定めることの可否

　遺産分割の審判において、共同相続人の全部または一部の相続分を法定相続分と異なる割合に変更することは、認められないと解されています（東京高決昭42.1.11（家月15巻11号35頁）等）。もっとも、共同相続人の1人が、相続放棄（民938、939）はしないが「相続分を放棄し、これを他の相続人らにおいて平等に分けてほしい」旨の意思表示をした場合には、家庭裁判所は、その者の相続分を零として遺産分割の審判をすることができます（大阪高決昭53.1.14（家月30巻8号53頁））。

（4）　遺産分割の審判の前提問題

　共同相続人間に、相続権の有無（相続人としての資格の有無）、遺言の存否ないし効力の有無、遺産の範囲（特定の財産的権利または義務が遺産に属するか否か）等に関して争いがあるときは、家庭裁判所は、遺産分割の審判を行うため、それらの有無、存否または範囲に関して審理を行い、当事者が主張する権利関係ないし事実関係の存在を認定し、または否認することができます。しかし、この判断は別途民事訴訟で争うことができ、後の民事訴訟が先の判断に拘束されることはありません。

　したがって、当事者が別途提起した訴訟（親子関係存在（または不存在）確認、認知無効確認、遺言無効確認、嫡出否認、特定の財産が遺産に属すること（または属しないこと）の確認等を求める訴え）の結果、家庭裁判所によるそれらの事項についての判断が覆されたときは、その判断を前提としてされた遺産分割の審判は、その限度で効力を失うことになります（最（大）判昭41.3.2（民集20巻3号360頁））。

Ⅲ 推定相続人の廃除（欠格）

1 税理士業務との関係

民法は、次のように相続人から相続権を剥奪する定めを置いています。

(1) 相続欠格

その一つ目が、相続欠格です。相続人または被相続人の意思にかかわらず、欠格事由に該当した推定相続人は、相続に関する権利を剥奪されます。次項「意義」でみるように欠格事由は5つありますが、比較的に多くみられるのが、被相続人を誘導・威圧して自分に有利なように遺言をさせた場合、自分に有利なように遺言書を偽造・破棄した場合です。例えば、寝たきりで意思表示ができない状態の親がいたとします。亡くなる少し前に、複雑な内容の遺言書を作成していれば疑義が持たれます。

専門職が子どもの一部から依頼を受けて高齢者に遺言の作成を働きかけたような場合には、後に他の子どもからその遺言の効力が争われるトラブルが起こり得るため、十分に気をつけないとならないでしょう。

(2) 推定相続人の廃除

二つ目が、推定相続人の廃除です。これは、被相続人（遺言執行者）が家庭裁判所に申し立て、推定相続人の相続権を剥奪するものです。廃除は推定相続人に著しい非行があったり、被相続人を虐待等をしていた場合に限り認められます。長男は家業を継いで老親の面倒をみているが、次男は若いころに親と対立して家を出たまま疎遠になっている、というような場合には、長男が廃除に言及するケースがありえます。しかしながら、この程度では廃除が認められることはなく、また、例えば、親子で罵り合っている際に子が親を侮辱する言葉を吐いた程度では認められません。

なお、過去に兄弟に酷い目にあわされ、遺産をその兄弟に相続させたくないという場合にも、廃除の申立てはできません。確かに、子どもや直系尊属がない場合には、民法上、兄弟姉妹またはその子どもに遺産が相続されるこ

とになりますが、この場合には遺言で他の人に全部遺贈すれば、兄弟に遺留分はなく相続されないので、廃除をする必要はないためです。

2 意　　義

(1) 相続欠格

　推定相続人のうち、次に該当する者は、相続欠格となり遺産を相続できません。
① 　故意に被相続人または相続について先順位もしくは同順位にある者を死亡するに至らせ、または至らせようとしたために、刑に処せられた者（民891一）……被相続人の死亡という結果について「故意」であることを要します。すなわち、過失により死亡させた場合（刑210）、傷害の結果死亡に至った場合（刑205）は、欠格事由とはなりません（大判大11.9.25（民集1巻534頁））。刑事責任能力（刑41）がないため、または正当防衛（刑36①）が成立したため、罪が成立しない場合も、欠格事由となりません。さらには、執行猶予の期間が満了したことにより、刑の言渡しが効力を失ったとき（刑27）も同様です。
　　以上に対して、死亡の結果が生じていない場合でも、殺人の予備行為（刑201）があれば、欠格事由となりえます。
② 　被相続人が殺害されたことを知って、これを告発せず、または告訴しなかった者（民891二本文。なお、その者が是非の弁別を有しないとき、または殺害者がその者の配偶者もしくは直系血族であったときを除きます。同ただし書）……すでに捜査機関に犯罪が明らかとなり、もはや告発、告訴を要しないこととなった後にその事実を知ったのであれば、相続欠格とはなりません（大判昭7.11.4（法学2巻829頁））。
③ 　詐欺または強迫によって、被相続人が相続に関する遺言をし、撤回し、取り消し、または変更することを妨げた者（民891三）
④ 　詐欺または強迫によって、被相続人に相続に関する遺言をさせ、撤回させ、取り消させ、または変更させた者（民891四）

⑤　相続に関する被相続人の遺言書を偽造し、変造し、破棄し、または隠匿した者（民891五）……遺言の妨害・偽造・変造等の行為があった場合でも、「相続に関する」事項以外についてであれば、欠格事由とはなりません。

　遺言に形式的な不備がある場合に、遺言者の意思を実現するためその瑕疵を治癒する目的で字句の訂正等をした場合は、本号の「偽造」ないし「変造」があったとはいえないと考えられています（最判昭56.4.3（民集35巻431頁））。

　相続欠格者は、当然に（何ら手続を経ることなく）相続人となる資格を失います（民891。昭3.1.18民事83回答）。また、遺贈を受けることもできなくなります（民965）。
　欠格事由が相続開始の後に生じた場合（被相続人が死亡した後に遺言書を廃棄した等）でも、相続開始の時に遡って相続資格がなかったことになり（大判大3.12.1（民録20輯1091頁））、相続欠格者は正当な相続人に対して取得していた財産の返還義務を負うことになります。正当な相続人に対して財産が返還される前に、相続欠格者が相続財産を処分してしまったときでも、その処分の相手方となった第三者は、真正な相続人に対して、自己の権利を主張することはできません。これは、第三者よりも真正な相続人を保護する趣旨によるものです。
　最後に、相続欠格を免除する方法については民法に特段の規定がないことから、被相続人が相続欠格者を許し（欠格事由の存在を不問に付し）、その相続権を回復させることはできないと考えられています。

（2）　推定相続人の廃除

　推定相続人が、被相続人に対して虐待をし、もしくは重大な侮辱を加えたとき、または推定相続人にその他の著しい非行があったときは、被相続人は、その推定相続人の廃除を家庭裁判所に申し立てることができます（民892）。「著しい非行」は、必ずしも被相続人に対して行われたものに限られないと解釈されています。

被相続人は遺言で推定相続人を廃除する意思を表示することもできますが、この場合には、遺言執行者が、遺言の効力が生じた後に廃除を家庭裁判所に申し立てることになります（民893）。

① **効力の発生等**

廃除は、家庭裁判所による審判の不服申立期間が経過し、確定したときに、戸籍の届出を待たず（大判昭17.3.26（民集21巻284頁））、直ちにその効力が生じます。

廃除の効果は被相続人ごとに判断されますので、例えば父から廃除された子であっても、母との関係では相続権を失うことはありません。

なお、廃除された者は、遺贈を受けることができます。この点では、相続欠格と異なります。

② **廃除の取消し**

ア　廃除の取消しをすることができる者

被相続人は、いつでも、いかなる理由によっても、家庭裁判所に対する申立て（または遺言）により、推定相続人の廃除を取り消すことができます（民894、893、家事別表第1八十七。遺言による廃除の取消しにあっては、遺言の効力が生じた後、遺言執行者が申立てを行います）。廃除された推定相続人の側から、その取消しの申立てをすることは認められません。

イ　廃除の取消しの効果

被相続人の存命中に、廃除を取り消す審判が確定したときは、廃除された推定相続人は、その時から、相続人としての資格を回復します。遺言による廃除の取消しがあったときは、その効果は相続開始の時まで遡って相続権を有していたことになります（民894②、893）。

これに対し、被相続人が自ら廃除の取消しの申立てをした後、審判が確定する前に相続が開始した場合の取扱いについては、明文の規定はありませんが、遺言による廃除があった場合と同様に、遡及効を認めてよいと解されています。

③ **遺産の管理**

推定相続人の廃除またはその取消しの申立てがあった後、審判が確定する

前に相続が開始したときは、家庭裁判所は、親族（民725）、利害関係人または検察官の申立てによって、遺産の管理について必要な処分を命じることができます（民895①）。具体的には、遺産の管理人が選任されることになりますが、その職務権限は、不在者の財産の管理人（民25①）に認められるのと同様です（民895②、27～29、家事189②、125①～⑥参照）。

3 手続の流れ

　推定相続人の廃除の審判は、対象となる推定相続人に重大な不利益を与えるものであるため、家事調停の手続に準じて、推定相続人側にも手続に参加する機会が保障されています。すなわち、廃除される推定相続人には申立書の写しが送付され、審問の期日への立会いが認められます（家事188④、67、69）。審問の期日においては、廃除される推定相続人から陳述の聴取をしなければならないとされています（家事188③）。

　推定相続人が廃除された旨は、戸籍にも記録されます。廃除（またはその取消し）の審判が確定した後は、推定相続人の廃除を申し立てた者は、その日から10日以内に、被廃除者の本籍地の戸籍事務を管掌する者（市町村長）に対し、審判の謄本を添付して、その旨の届出をしなければなりません（戸籍97、63①）。

(1) 申立権者

　廃除の申立てをすることができるのは、被相続人に限られます。申立てにあたっては、完全な行為能力までは要求されません。そのため、例えば、成年被後見人であっても、事理を弁識する能力を回復している状態であれば、自ら廃除の請求をすることができます。遺言により廃除の意思表示をする場合には、遺言能力（民961。なお963参照）が必要です。

(2) 管　　轄

　被相続人が申し立てる場合にはその住所地であり、被相続人の死亡後に遺言執行者が申し立てる場合には相続が開始した地（被相続人の最後の住所地。住所が不明のときは居所）を管轄する家庭裁判所です（家事188①）。

第2節　相続に関する審判

（3） 即時抗告

廃除を認める審判に対しては、廃除された推定相続人から、即時抗告をすることができます（家事188⑤一）。廃除の申立てを却下する審判に対しては、申立人から、即時抗告をすることができます（家事188⑤二）。

4　実務上のポイント

推定相続人の廃除における「虐待」や「侮辱」は、被相続人に対して精神的苦痛を与え、または被相続人の名誉を毀損する行為であって、それにより被相続人と当該行為をした推定相続人との家族的協同生活関係が破壊され、その修復を著しく困難にするものをいいます（東京高決平4.12.11（判時1448号130頁））。もっとも、外観上は虐待・侮辱にあたる行為であっても、その行為に至った原因が被相続人の側にもあったという場合や、その行為が一時的なものに過ぎないとみられる場合には、廃除は認められない可能性が高いといえます（佐賀家審昭41.3.31（家月18巻11号67頁）、東京高決昭49.4.11（判時741号77頁））。

また、推定相続人の「著しい非行」とは、被相続人との相続的協同関係を破壊する程度に重大な行為であることが客観的に認められるものをいいます（東京高決平8.9.2（家月49巻2号153頁）参照）。

廃除が肯定された場合と否定された場合の具体例としては、表2-13のようなものがあります。

表2-13　廃除の具体例

| 1 | 肯定例 | ア　父母が反対するにもかかわらず暴力団員と婚姻した推定相続人が、父の名で披露宴の招待状を出すなどの一連の行為により、父母らに多大な精神的苦痛を与え、また、その名誉を毀損し、その結果、父母との家族的協同生活関係が全く破壊されるに至り、今後もその修復が著しく困難な状況となっている場合において、本人に改心の意思が、父母に宥恕の意思があることを推認させる事実関係もないとき（東京高決平4.12.11（判時1448号130頁）） |

		イ　推定相続人が父の金員を無断で費消したり、多額の物品購入代金の支払いを父に負担させたうえ、これを注意した父に暴力を振るい、その後家出して行方不明となっている場合において、親子間の家族的・相続的共同関係の破壊があると認められるとき（岡山家審平2.8.10（家月43巻1号138頁））
		ウ　資産家として名を成した両親のもとで不自由なく成育した推定相続人が、離婚後間もなく、両親不知の間に窃盗、詐欺等の前科のある男性と同棲し、同人の就職に際しては実家の信用を利用してその身元引受人となりながら、同人が勤務先から多額の金員を横領して所在をくらますや、年老いた両親の悲嘆、心労等を顧慮せず、音信不通のまま同棲相手と逃避行を続けているとき（和歌山家審昭56.6.17（家月34巻10号88頁））
		エ　被相続人（父）の死亡が近いことを知って、その遺産を可能な限り単独取得しようと図り、遺産たる預貯金等の名義を被相続人の意思に基づくことなく、自己あるいは自己の妻子名義に変更し、被相続人に対し不当な精神的苦痛を与えたとき（熊本家審昭54.3.29（家月31巻10号77頁））
2　否定例	ア　推定相続人に（12年にわたる陰湿な態様による）力ずくの行動や侮辱と受け取られる言動があったが、それが嫁姑関係の不和に起因したものであって、その責任を推定相続人にのみ帰することは不当であるとき（東京高決平8.9.2（家月49巻2号153頁））
		イ　推定相続人が勤務先会社の金員総額5億数千万円を業務上横領した罪等により懲役5年の判決を受け服役した場合（東京高決昭59.10.18（判時1134号96頁））
		ウ　推定相続人に飲酒暴言、物品持出を伴う一方的別居及び被相続人を相手方とする調停申立て等の行動がある場合でも、その別居等により被相続人は日常生活上特に困窮したものと認められず、また、調停申立ては親子間の仲を調停機関の関与によって円満解決に導こうとしたものとみられ親に対する侮辱行為とみることはできないし、本人の行動について農家の長男として20有余年間父母等と同居して農業経営に従事してきたことに対し、父母が配慮を欠いていたことにも一因があるとき（仙台家審昭48.10.1（家月26巻8号70頁））

第2節　相続に関する審判　　67

第3節 遺言に関する審判

I 遺言書の検認

1 税理士業務との関係

　相続が開始した場合に、遺言がないときは法定相続人が法定相続分に従って遺産分割を行っていくことになりますが、遺言があるときは、遺言に書かれた内容が優先します。すなわち、遺言があるかどうかでその後の手続が根本的に異なりますので、相続税申告の相談を受けた際は、遺言の有無を最優先に確認することになります。

　遺言は、公正証書によるものとそれ以外のものに大きく分けることができます。公正証書遺言以外の遺言書については、相続の開始があったことを保管者が知った後、遅滞なく家庭裁判所で検認を受けなければならないとされています。公正証書遺言は公証役場に控えが保存されているため、作成した公証役場に行けば遺言がわかりますが、それ以外の遺言書は後日改竄や隠匿をされる可能性があるため、裁判所の検認により証拠を残す手続が必要とされているわけです。

　公正証書以外の遺言の場合、形式や内容に明らかな不備があることが多いものです。例えば、年月日や押印が欠けているもの、封がなくワープロで書かれているもの、加除訂正が適切になされていないもの、財産やその譲渡先の特定が不十分なもの、等々です。近年ですと、遺言者の遺言時の判断能力が問題となることも少なくありません。しかしながら、検認はあくまで証拠

の保全が目的であり、その遺言が有効かどうかを判定する手続ではありませんので、遺言らしきものが書いてある書類であれば、とりあえず検認を受けるべきでしょう。

また、遺言書に封印（封じ目に押印されたもの）があるときは、家庭裁判所において相続人またはその代理人の立会いがなければ、開封することができないため注意が必要です。

2　意　　義

公正証書遺言以外の方式による遺言書については、その保管者は、相続の開始を知りまたは相続人が遺言書を発見した後、遅滞なくこれを家庭裁判所に提出し、検認を受けなければなりません（民1004①②）。検認とは、遺言書の方式に関する一切の事実を調査確認する手続であり（家事規113）、後日の偽造・変造を防止し、その保存を確実にするための一種の証拠保存手続にすぎないもので（大判大7.4.18（民録24輯722頁））、遺言の真否や効力の有無を実質的に判定する手続ではありません（大判大4.1.16（民録21輯8頁））。したがって、検認を経た遺言書が、後日の訴訟で無効とされることもあります。

また、封印のある遺言書については、相続人またはその代理人の立会いをもってしなければ開封することができないとされています（民1004③）。

相続または遺言による登記を申請する場合において、遺言書を申請書に添付するときは、検認を経たものでなければなりません。

3　手続の流れ

遺言書の検認は、申立人及び相続人に期日が通知され（家事規115①）、その期日において行われます。そのため、申立てにあたっては、相続関係を明らかとするためのすべての戸籍謄本等を添付するよう求められます。

もっとも、遺言書の検認・開封には必ずしもすべての相続人が立ち会う必

要はなく、立ち会わなかった者に対しては、裁判所書記官により通知がされることになっています（家事規115②）。

（1）申立権者

申立てができるのは、遺言書の保管者または遺言書を発見した相続人です（民1004①）。

（2）管　　轄

相続が開始した地、すなわち被相続人の最後の住所地（住所が知れないときは居所）を管轄する家庭裁判所です（家事209①）。

（3）即時抗告

遺言書の検認またはその却下の審判に対しては、即時抗告を認める旨の規定はありません。

II　遺言の確認

1　税理士業務との関係

　遺言は、通常、自筆証書、公正証書及び秘密証書の3種類からなる普通方式によって行われます。しかし、緊急を要する状況のときは「危急時遺言」の方式によらざるをえないことがあります。代表例が、事故や急病により自書ができない程度に遺言者が衰弱し、病院等において公証人の出張を受ける時間的余裕もない場合に利用される、危急時遺言です。

　危急時遺言は、あくまで特殊な状況で行う方式であるため、遺言者が死亡に瀕する状態から回復し、普通方式による遺言ができるようになってから6か月間生存しているときは、その効力は失われます。そのため、危急時遺言を作成した際には、必要に応じて回復後に普通方式の遺言を行うことが求められます。

　遺言書について、最終的に有効性の判断を下すのは裁判所です。少数の事例や条文上の文言だけの解釈で、自らの判断でこの遺言書はそのまま使用で

きる、または無効であるなどとむやみに判断をしてはいけません。

2 意　　義

　遺言の方式には、普通方式のほかに、特別方式として、危急時遺言（死亡危急者遺言、船舶遭難者遺言）と、隔絶地遺言（伝染病隔離者遺言、在船者遺言）とがあります。遺言は普通方式が原則であり、特別方式の要件を満たさない場合に特別方式に従った遺言をすると無効となります（民967）。

　以上の方式のうち、危急時遺言は、作成時に証人の立会いその他の厳格な要件がありますが、作成後においても、家庭裁判所で確認の手続を受けることが必要とされています（民976④、979③）。確認は、検認とは別のものなので、遺言者の死亡後は別個に検認の申立てを行う必要があります（隔絶地遺言では確認は必要ありません）。この確認は、遺言が遺言者の真意に出たものであるかを判定する手続であり、遺言の有効性自体を確定させるものではありません。したがって、後日の訴訟で遺言が無効とされることもありえます。

（1）死亡危急時遺言

　疾病その他の事由によって死亡の危急に迫った者は、証人3人以上の立会いをもって、その1人に遺言の趣旨を口授して、遺言をすることができます。この場合においては、その口授を受けた者が、これを筆記して、遺言者及び他の証人に読み聞かせ、または閲覧させ、各証人がその筆記の正確なことを承認した後、これに署名押印することで、遺言が完成します（民976①）。このような方式の遺言を、死亡危急時遺言といいます。

　この方式では、日付の記載は要求されていないため、作成日付が正確でなかったとしても、無効とはなりません（最判昭47.3.17（民集26巻2号249頁））。証人の署名押印については、遺言者の生存中にしなければならないとする古い判例がありますが（大決大14.3.4（民集4巻102頁））、遺言者のいないところでされてもよいとされています（前掲最判昭47.3.17）。

　なお、遺言者が口のきけない者であるときは、口授をすることができませ

ん。この場合には、通訳人の通訳（手話通訳等）による申述によって代替することになります（民976②）。

一方、遺言者または他の証人が耳の聞こえない者である場合には、口授を受けた証人による読み聞かせを受けることができません。この場合には、筆記した内容を通訳人の通訳によりその遺言者または他の証人に伝えて、同項後段の読み聞かせに代えることができます（民976③）。

（2）船舶遺言

船舶遺言は、船舶が遭難した場合に、その船舶中にあって死亡の危急に迫った者が、証人2人以上の立会いのもとに遺言の趣旨を口頭で述べ、これを証人が筆記して署名押印する方式によってされる遺言です（民979①③）。証人中に署名押印することができない者があるときは、他の証人がその旨を付記すれば足ります（民981）。死亡危急時遺言よりも、証人の必要人数が1人少ない点及び口授の筆記をその場でする必要がなく、読み聞かせの必要もない点において、要件が緩和されています。

3　手続の流れ

死亡危急時遺言は、遺言の日から20日以内に家庭裁判所に申立てをして確認を受けなければ、効力を生じませんので(民976④)、特に注意が必要です。一方、遭難者遺言については、20日という制限はなく、遭難が解消した後、遅滞なく請求すればよいとされています（民979③）。

なお、遺言者が普通方式によって遺言をすることができるようになった時から6か月間生存すると、確認を受けていた場合であっても、危急時遺言は無効となります（民983）。「普通方式によって遺言をすることができるようになった時」の具体的時期がいつであったのかについては、解釈が分かれるため、注意が必要です。

（1）申立権者

遺言の確認の申立てができるのは、遺言の証人または利害関係人です（死亡危急時遺言につき民976④、遭難者遺言につき民979③）。

(2) 管　　轄

　相続が開始した地、すなわち被相続人の最後の住所地（住所が知れないときは居所）を管轄する家庭裁判所です（家事209①）。遺言者が生存しているときは、遺言者の住所地の家庭裁判所です（家事209②）。

(3) 即時抗告

　遺言の確認の審判に対しては利害関係人から、その申立てを却下する審判に対しては遺言に立ち会った証人及び利害関係人から、即時抗告をすることができます（家事214一、二）。

4　実務上のポイント

　高齢の遺言者の場合、最も問題になるのが意思能力の有無です。意思能力に問題がないまでも、口授や筆記の能力が（事実上）遺言作成の障害となることも多いものです。先判例上も明確な基準はないといわれており、医師の意見書を得る等、慎重な対応が求められます。

　高齢者の意思能力をめぐって争われた事例としては、次のようなものがあります。

① 　64歳の時に脳溢血で倒れ、その後12年余で脳溢血後遺症としての脳軟化症・冠状動脈硬化症に起因する心臓衰弱により死亡した者が、死亡の1年2か月前に作成した公正証書遺言につき、遺言当時にはかなり進んだ人格水準の低下と痴呆がみられ、是非善悪の判断能力並びに事理弁識能力に著しい障害があったとした鑑定結果を相当とし、意思能力を否定した事例（東京高判昭52.10.13（判時877号58頁））

② 　アルツハイマー型老年痴呆により入院中の者が作成した公正証書遺言につき、記憶障害及び理解力、判断力の低下が著しい状態にあり、必ずしも単純な内容ではない遺言をなしえる意思能力を有していなかったとして、遺言の無効が確認された事例（東京地判平4.6.19（家月45巻4号119頁））

③ 　94歳の者が作成した公正証書遺言につき、加齢に伴う生理的な知的老化の徴候は認められるものの、いまだ認知症の領域には至っておらず、94歳

の老人としての標準的な精神能力を有していたとして、意思能力が認められた事例（東京高判平10.8.26（判タ1002号247頁））
④　88歳の者が作成した公正証書遺言につき、重度の痴呆症状があり、本文14頁、物件目録12頁、図面1枚という大部かつきわめて複雑な遺言の内容を理解し、判断することはできなかったとして、意思能力を否定した事例（東京高判平12.3.16（判時1715号34頁））

Ⅲ 遺言執行者の選任

1 税理士業務との関係

　遺言の中には、それを実現させるために具体的な執行行為を必要とするものがあります。例えば、不動産の遺贈がある場合の登記申請や、相続人の廃除がある場合の審判の申立て等です。通常は、遺言で指定された遺言執行者がこれらの行為を行うことになりますが、一般の方が作成された遺言の中には、遺言執行者が指定されていないものも見受けられます。また、遺言書が作成された後の事情により、指定された遺言執行者が就任できない事態もありえます。
　そのような場合には、家庭裁判所に遺言執行者の選任の審判を申し立てるよう促すことになります。
　民法1013条には、「遺言執行者がある場合には、相続人は、相続財産の処分その他遺言の執行を妨げるべき行為をすることができない」と定められており、遺言執行者を無視して相続人が勝手に相続財産を処分しても無効とされてしまいますので、注意が必要です。

2 意　　義

(1) 遺言執行者の就任・権限

　遺言執行者は、まずは遺言により指定されます。また、遺言で指定を第三者に委託することもでき、この場合には、委託を受けた者が、遅滞なく、遺言執行者を指定して（または委託を辞退する旨を）相続人に通知することになります（民1006②③）。

　これに対し、遺言執行者が指定されていないときや、その就職の承諾が得られないとき、または事後に遺言執行者がいなくなったときは、利害関係人の申立てに基づき、家庭裁判所が遺言執行者を選任することになります（民1010）。

　遺言執行者は、相続財産の管理その他遺言の執行に必要な一切の行為をする権利義務を有し、その地位は、その行為の効果が相続人に帰属するという意味において「相続人の代理人」ということになります（民1012①、1015）。遺言執行者がある場合（就職承諾前を含むと解されています）には、執行の対象財産に対する相続人の処分権は失われます。例えば、相続人が遺贈の対象不動産を処分してしまったような場合でも、その処分は無効であり、譲受人は、遺言執行者からの返還請求を拒むことはできません。

(2) 執行費用・報酬

　遺言書の検認に要した費用、財産目録作成費用、遺言の執行に関して生じた訴訟費用・登記費用その他遺言の執行に関する費用は、相続財産から支出されます（民1021）。

　遺言執行者は、遺言の定めにより、またはその定めがないときは家庭裁判所の審判により、報酬を受けることができますが（民1018①）、この報酬も、当然に執行費用に含まれます。

(3) 退　　任

　遺言執行者がその任務を怠ったときその他正当な事由があるときは、利害関係人の請求に基づいて、家庭裁判所は、遺言執行者を解任することができます。また、遺言執行者の側からも、正当な事由があるときは、家庭裁判所

の許可を得て辞任することができます（民1019）。

3 手続の流れ

　遺言執行者選任の申立ては、遺言の効力が発生した後（検認が必要であれば、検認後）に行います。

　指定された遺言執行者がいるにもかかわらず、その者が直ちに就職しないという場合には、相続人その他の利害関係人から、まずはその者に就職を承諾するかどうかを確答するよう催告することになります。相当期間内に確答がなければ、指定された者は就任を承諾したとみなされます（民1008）。

　最終的に遺言執行者に就職する者がいないときは、家庭裁判所に遺言執行者の選任を申し立てることになります。申立て時には一応の候補者を推薦することが可能であり、相続人や受遺者を推薦することも差し支えありませんが、公正な職務執行が期待できないと判断される場合には、必ずしもその候補者が選任されるわけではありませんので、注意が必要です。受遺者が遺言執行者に選任されれば、事実上その者の単独申請による遺贈の登記が可能となります。なお、未成年者及び破産者は、遺言執行者となることはできません（民1009）。

　遺言執行者が就職した後は、遅滞なく財産目録を作成して相続人に交付しなければならないとされており（民1011①）、相続人からの請求があるときは相続人の立会いをもって作成するか、または公証人に作成させなければならないことになっています（民1011②）。遺言に納得しない相続人がいるときは、財産目録の作成・交付に苦労することが多いものです。

(1) 申立権者

　利害関係人です（民1010）。相続人、受遺者は当然に含まれます。

(2) 管　　轄

　相続が開始した地、すなわち被相続人の最後の住所地（住所が知れないときは居所）を管轄する家庭裁判所です（家事209①）。

（3）　即時抗告

　遺言執行者の選任の審判に対しては、即時抗告を認める旨の規定はありません。これに対し、その申立てを却下する審判に対しては、利害関係人が即時抗告をすることができます（家事214三）。

4　実務上のポイント

（1）　特定遺贈と遺言執行者

　「特定の不動産を特定の者に『遺贈する』」遺言があった場合、遺言執行者がないときでも、相続人全員の協力が得られるのであれば、受遺者は対象不動産の移転登記を受けることが可能です。もっとも、遺言執行者の選任を申し立てたうえで、遺言執行者と共同して移転登記の申請をすることもできます。

　遺贈の妨げとなるような登記（相続人による相続登記やすでに消滅している抵当権の設定登記等）があるときは、遺言執行者から名義人に対し、その抹消を求めることになります。遺言執行者は、対象不動産が賃貸されているときは、家賃を受領することもできます（大決昭2.9.17（民集6巻501号））。

（2）　「相続させる」旨の遺言と遺言執行者

　実務上「特定の財産を特定の相続人に『相続させる』」としたうえで、遺言執行者が指定されている遺言があります。

　しかし、「相続させる」遺言がなされた場合には、対象不動産は相続の開始により何らの行為を要せずに相続人に移転し、かつ当該相続人は単独で相続登記の申請ができるため、特に遺言書で不動産の管理・引渡し等を遺言執行者の職務としているなどの特段の事情がない限り、遺言の執行は必要ありません。

　以上に対して、他の相続人が共同相続登記をしてしまった等、遺言の実現が妨害される状態が出現したような場合には、遺言執行者は、登記名義人に対し、その抹消を求めることや、真正な登記名義の回復による移転登記を求めることができるとされています（最判平11.12.16（民集53巻9号1989頁））。

第4節 親子に関する審判

I 未成年後見

1 税理士業務との関係

　未成年者は遺産分割協議や不動産の譲渡等の法律行為を単独で行えないことになっており、正式な資格のある代理人によるか、その同意を得ていないと、その法律行為は取り消される可能性があります。未成年者に代わって法律行為を行うのは、通常は親権者ですが、親権者がいないときや親権者としてふさわしくない事情があるときは、未成年後見人が選任されます。

　親権者のいない未成年者であっても申告・納税の期限が猶予されることはありませんが、そのような場合には、前提となった法律行為の有効性について、検討してみる必要があるといえます。

2 意　義

(1) 未成年後見の開始原因

　未成年後見は、親権者による保護が受けられない状況にある未成年者の保護を目的とする制度であり、未成年者に対して親権を行う者がないとき、または親権を行う者が（財産）管理権を失ったときに開始します（民838一）。具体的には、親権者が死亡した場合や事理弁識能力を喪失して後見に相当する状態となった場合等がこれにあたります。また、親権者としてふさわしく

ない事情があるときは、家庭裁判所の審判により、親権または管理権が制限されますが（民834、834の2、835、837①）、この場合にも未成年後見が開始します。

　親権者が重病となり、事実上親権または管理権を行使できなくなったようなケースでは、家庭裁判所の許可を受けて親権または管理権を辞したうえで、未成年後見を開始することが行われるようです。

　なお、共同親権者の父母の一方について以上の事由が生じた場合には、他方の単独親権となるので、未成年後見は開始しません。

（2） 未成年後見人
① 指定・選任
　未成年後見の機関として、未成年後見人が置かれます。未成年後見が親権者の死亡により開始するときは、未成年者に対して最後に管理権を有する親権者が、遺言により未成年後見人を指定することができますが（民839）、この指定がないときは、申立てに基づき家庭裁判所が選任します（民840）。

② 員数・欠格事由
　未成年後見人は1人である必要はなく、複数であってもよいとされています。複数の未成年後見人が選ばれるときは、家庭裁判所が職権で、権限の分掌を定めることがあります（民857の2①〜④）。

　欠格事由については、成年後見人と同様の規律が適用されます(14頁参照)。

③ 未成年後見人の事務
　未成年後見人は、成年後見人と同様の事務を行いますが(民853〜856、859、860〜866、869。14頁参照)、成年後見人との大きな違いは、身上監護について親権者と同一の権利義務が与えられる点にあります（民857本文）。すなわち、未成年後見人は、未成年者の監護教育（民820）、居所指定（民821）、懲戒（民822）、職業許可（民823）についての権利義務をも有します。また、未成年被後見人に未成年の子があるときは、その親権を代行することにもなります（民867①）。

　一方、財産管理権のみを有する未成年後見人も設置されることがありますが、その場合には、当然ながら以上の身上監護に関する権利義務は有しませ

ん（民868）。

　なお、親権を行う者が定めた教育の方法及び居所を変更し、営業を許可し、その許可を取り消し、またはこれを制限するには、未成年後見監督人があるときは、その同意を得なければなりません（民857ただし書）。

④　任務の終了

　未成年後見人が辞任し、解任され、死亡または欠格事由に該当した場合、後見人選任の審判が取り消された場合もしくは未成年被後見人が死亡した場合には、未成年後見人の任務は終了します。この場合は、成年後見人と同一の規定が適用されます（民870、871、873〜875。18頁参照）。

　未成年後見人に固有の任務終了事由としては、被後見人が成年に達した場合（婚姻により成年とみなされる場合を含みます）があります。この場合には、後見の計算の終了前に後見人またはその相続人との間にした契約及びこれらの者に対してした単独行為について、被後見人であった者に取消権が与えられています（民872①）。

(3)　未成年後見監督人

①　指定・選任

　未成年後見の任意的機関として、未成年後見監督人が置かれることがあります。未成年後見人を指定することができる者が遺言により指定し（民848）、または申立てに基づいて家庭裁判所が必要に応じて選任する点は、未成年後見人と同様ですが、さらに家庭裁判所が職権によって選任することもあります（民849）。

②　員　　数

　未成年後見監督人も、1人である必要はないと解されています。

③　未成年後見監督人の事務

　未成年後見監督人の職務については、成年後見監督人と同一の規定が適用されます（民851。21頁参照）。

④　辞任・解任・欠格事由

　未成年後見監督人の辞任、解任、欠格事由についても、成年後見監督人と同一の規定が適用されます（民852による844、846、847の準用、後見監督人固

有の欠格事由につき民850。21頁参照)。

3 手続の流れ

(1) 申立権者
申立てができるのは、未成年被後見人またはその親族その他の利害関係人（民840）です。未成年者本人も、申立てができます。

(2) 管　　轄
未成年被後見人の住所地を管轄する家庭裁判所です（家事176）。

(3) 即時抗告
未成年後見人の選任またはその申立てを却下する審判に対しては、養子の離縁後における選任の申立てが却下された場合を除き、即時抗告ができる旨の規定はありません（家事179）。

4 実務上のポイント

(1) 未成年後見と成年後見との併存
未成年後見が開始している未成年者が精神上の障害により事理弁識能力を欠く常況にある場合には、併存的に成年後見人を選任することができます（民7、10）。この場合には、成年後見人は未成年後見人と同一人であっても、別人であってもよいとされています。

(2) 親権の復活か未成年後見の開始か
単独の親権者に死亡その他の事情が生じた場合において、他方の父母がいるときに、その父母の親権が復活するか、それとも未成年後見が開始するかが問題となることがあります。

① 指定親権者の死亡の場合
離婚する際には、父母の一方が親権者と定められます（民819①～③）。その後、親権者と定められた者が死亡したときは、他方が生存していても、未成年後見が開始します（昭23.8.12民甲2370）。もっとも、この場合に他方を

後見人に選任することは妨げられません。また、親権者変更の審判（民819⑥）を申し立てることもできます。

② 非嫡出子の親権者の死亡の場合

非嫡出子は、原則として母が親権者となりますが、父の認知があった場合には、父母の協議により父を親権者と定めることができます（民819④）。認知の後、親権を行う母または父が死亡した場合でも、未成年後見が開始し、他方の親権が復活することはありません。

③ 養親の死亡の場合

未成年者を養子とした場合、養親が親権を行使します（民法818②）。その後、養子の離縁または縁組の取消しがあった場合には、実親の親権が復活します。これに対し、養親が死亡した場合には、未成年後見が開始します（昭23.11.12民甲3585）。また、養父母の一方のみが死亡した後に、生存養親と離縁した場合にも、未成年後見が開始します（昭25.3.30民甲859）。

Ⅱ 子の氏の変更

1 税理士業務との関係

夫婦が離婚した場合に、それのみでは子どもの戸籍は変更されず、子どもの氏は戸籍の筆頭者（多くは父親）と同じままです。しかし、子どもが復氏した（旧姓に戻った）母親の方に引き取られて生活しているようなときは、母親の氏と子どもの氏とが異なると不便が生じることから、子を母親の方の戸籍に移したい場合は、家庭裁判所に氏の変更許可の申立てを行うことにより、母親の氏を名乗ることができます。

離婚の場合のほかにも、①婚姻外の子どもを父親が認知した場合、②父または母が婚姻した場合（前婚の子を連れた母親が再婚し、再婚相手の氏を称する場合など）、③父母の一方が死亡後、生存した他方が旧姓に復氏した場合にも、父または母の氏と子どもの氏とが異なる事態が生じます。

このような場合には、子の氏の変更の許可を検討・助言することになります。

2 意　　義

(1) 要　　件

　子が父または母と氏が異なる場合には、家庭裁判所の許可を得て、戸籍法に基づき届出をすることにより、父または母の氏を称することができます（民791①）。婚姻していない男女間に未成年の子どもがある場合（離婚した場合を含みます）には、その一方が親権者と定められますが、氏の変更は、親権者の決定とはまた別の手続です。

　なお、父または母が氏を改めたことにより、子が父母の双方と氏が異なる事態となる場合がありますが、この場合には、父母の婚姻中であれば、家庭裁判所の許可を得なくても届出のみで父母の氏を称することができます（民791②）。例えば、婚外子が父母の婚姻・認知により嫡出子となった場合や、子の出生後に父母が養子となる縁組をした場合がこれにあたります。

(2) 法定代理人による代行

　氏の変更を必要とする子どもが15歳未満であるときは、法定代理人が、子どもの代わりに手続を行うことができます（民791③）。

(3) 成人後の復氏

　子どものうちに氏が改められた場合には、本人の意思が十分に考慮されない可能性もあります。そのため、氏を変更した者は、成年に達した時から1年以内に、届出のみで元の氏に戻す（復氏）することが認められています（民791④）。

3 手続の流れ

　戸籍は、夫婦及び氏を同じくする子ごとに作成されます（戸籍6）。したがって、氏の変更許可の審判を受けた後は、子の本籍地の市区町村役場に届

け出て、入籍の届出（戸籍98）をすることが必要になります。

（1）申立権者

　子の氏の変更の許可の申立てができるのは、変更を受ける子自身であり、子が15歳未満であるときは、法定代理人（親権者・未成年後見人）が代わって申立てをすることができます。

（2）管　　轄

　子の住所地を管轄する家庭裁判所です（家事160①）。父または母を同じくする数人の子（兄弟姉妹）があり、住所が異なるときは、その1人の住所地を管轄する家庭裁判所に申し立てることができます。

（3）即 時 抗 告

　子の氏の変更を認める審判に対しては、即時抗告ができる旨の規定はありません。これに対し、その申立てを却下する審判に対しては、申立人は、即時抗告をすることができます（家事160③）。

4　実務上のポイント

　氏の変更の許可の制度は、社会生活上の不便や親子の氏が異なることによる感情的な抵抗感を解消する必要性から、特に認められているものです。氏は単なる個人の呼称にすぎず、法律上の特別な効果が与えられるわけではありません。

　母がその実家の家名を息子夫婦に承継させる目的で、夫と協議離婚して復氏し、息子夫婦から母の氏への変更許可を申し立てた事案がありますが、このような申立ては、子の氏の変更申立権を濫用したものとして、却下されることになります（静岡家（富士）審昭50.9.2（家月28巻8号55頁））。

Ⅲ 普通養子

1 税理士業務との関係

　養子の人数は、①相続税の総額の計算、②遺産に係る基礎控除額、③生命保険金等の非課税限度額、④死亡退職金等の非課税限度額にかかわってくる重要な項目です。

　養子には、普通養子と特別養子の2種類があります。どちらも養子縁組の日から養子は養親の嫡出子たる身分を取得し、養親の推定相続人となります。このうち普通養子は、実親との親子関係が継続しますので、実親の相続権と養親の相続権とを二重に持つことになります。実親の側において、養子となった子どもが参加していない遺産分割協議は成立せず、また養親の側でも、養子となった子どもが参加していない遺産分割協議は成立しません。

　普通養子縁組については、男女間の婚姻と同様、当事者同士の合意と届出があれば成立します。例外的に、未成年者を養子とするとき等の一定の場合には、家庭裁判所の許可が必要です。未成年者が養子となった場合には、実親から養親へ親権が移り、養親が子の法定代理人になります。

　養子縁組が成立すると、養親の血族との間に法定血族関係が発生します。将来的に、養親だけでなく養親の実子達に対する扶養義務も発生する可能性があります。相続税の計算上、法定相続人の数を増やすため、あるいは法定相続分を変動させるために養子縁組が行われることがあるようですが、十分な配慮が必要です。

　ところで、平成22年に法務省民事局は、戸籍を扱う全国の市区町村の長に対して不正な養子縁組がなされることを防止するための通達を発出しました。養子縁組・離縁を何度も行うことは通常ありえないことです。氏の変更を利用した犯罪が増えてきたため、不自然な養子届出は管轄法務局長等宛に照会され、警察が協力して調査することになっています。

2　意　　義

(1)　普通養子

　成年に達した者は、他者を養子として、養子縁組をすることができます（民792）。年長者または尊属を養子とすることはできませんが（民793）、その他に養子の資格に制限はなく、例えば、兄が弟を養子とすることや、祖父が孫を養子とすることも可能です。

(2)　配偶者のある者の縁組

　配偶者のある者が養親となって未成年者と養子縁組をする場合には、その配偶者の嫡出子（いわゆる「連れ子」）を養子とするときまたはその配偶者が意思を表示できないときを除き、夫婦が共同して縁組をしなければなりません（民795）。未成年者との養子縁組は、後述のとおり家庭裁判所の許可が必要であり、夫婦共同縁組の要件はそこで審査されることになります。

　一方、配偶者のある者が養子となって養子縁組をする場合には、その配偶者とともに養子となるときまたはその配偶者が意思を表示できないときを除き、その配偶者の同意を得なければなりません（民796）。こちらは、家事審判の手続は必要ありません。

　婚姻により氏を改めた者が養子となった場合でも養親の氏に変更されることはありませんが、婚姻により氏を改めなかった者が養子となったときは、夫婦ともに養親の氏を称することになります。

(3)　家庭裁判所の許可を要する場合

①　未成年者縁組

　未成年者を養子とする場合には、自己または配偶者の直系卑属を養子とするときを除き、家庭裁判所の許可を得なければなりません（民798）。縁組後の未成年者の福祉が確保されていることをチェックするための制度です。

　また、これとは別に、養子が15歳未満であるときは、その法定代理人（親権者・未成年後見人）が代わって縁組の承諾をしなければなりません（民797①）。法定代理人のほかに、養子の父母で監護権者があるときは、その者の同意も必要です（民797②）。

② 後見人が被後見人を養子とする縁組

　後見人（成年後見人・未成年後見人）が被後見人を養子とする場合にも、家庭裁判所の許可が必要です（民794）。後見人の地位を利用した不適切な縁組を防止するための制度です。後見を受けている未成年者が養子となるときは、未成年者としての許可と被後見人としての許可との双方が必要と解釈されています（昭25.10.10民甲2633回答）。

3　手続の流れ

　養子縁組の許可の手続において、養子となる者が未成年者である場合には、その利益を代弁することができる親権者または未成年後見人の陳述を聴取する機会が設けられます。また、養子となる者が15歳以上であるときは、本人の陳述を聴取する機会が設けられます（家事161③）。

　普通養子縁組は、市町村に対する届出によって効力が生じます。縁組が家庭裁判所の許可を要するものであっても、許可の時ではなく、その後の届出の時が効力発生時となります。届出にあたっては、成年者2人以上の証人が必要です（民法799による739の準用）。

(1) 申立権者
　養子縁組の許可の申立ては、養親となる者、実親に加えて、養子となる者（15歳未満である場合の代諾権者を含みます）もできると解されています。

(2) 管　轄
　養子となる者の住所地を管轄する家庭裁判所です（家事161①）。

(3) 即時抗告
　養子縁組を許可する審判に対しては、即時抗告を認める旨の規定はありません。これに対し、その申立てを却下する審判に対しては、申立人は、即時抗告をすることができます（家事161④）。

4　実務上のポイント

　未成年者縁組において最重要視されるべきは、子の幸福が確保されることにあります。未成年者縁組の申立てが否定された事例として、次のようなものがあります。

① 　養子縁組により、その子が将来特定の職業（本事例では芸者）となるべく運命づけられるおそれがある場合（東京高決昭28.12.16（家月6巻2号36頁））
② 　家名の維持（祖先のために後嗣を求め、その家の継続を図り、同時に祭祀を承継させる）のみを目的とする場合（広島家審昭34.5.26（家月11巻8号101頁）、東京家審昭41.3.14（家月18巻10号50頁等））
③ 　養親の老後の生活等について、養親の安心のみを目的とする場合（熊本（家御船）審昭34.10.30（家月11巻12号140項））
④ 　いわゆる越境入学のみを目的とする場合（札幌家審昭38.12.2（家月16巻5号163頁））
⑤ 　非嫡出子を戸籍から除去する方法としてなされた場合（東京地判昭39.9.12（判時393号42頁））
⑥ 　夫と妻以外の女性（いわゆる妾関係）との間の子を、夫婦共同で養子とする場合（長崎家（佐世保）審昭41.2.2（家月18巻9号57頁））
⑦ 　いわゆる大家族的構成の解体と家産の分散とを防止しようとする動機が窺われる場合（東京家審昭42.7.26（家月20巻2号42頁））
⑧ 　生後すぐに引き取って養育している幼児を養子とするにあたり、養親が尼僧であり配偶者がない場合（新潟家審昭57.8.10（家月35巻10号79頁））

　なお、未成年者縁組の例ではありませんが、普通裁判所において財産相続を主たる目的とする養子縁組の有効性が争われた事例があり、親子としての精神的つながりをつくる意思が認められる限り有効と判示されています（最判昭38.12.20（家月16巻4号117頁））。

Ⅳ 特別養子

1 税理士業務との関係

相続税の計算上、相続人となる子の数には、下記のように実子以外に「実子とみなされる子」を含めることが認められています。
① 特別養子縁組による養子となった者
② 被相続人の配偶者の実子で、その被相続人の養子となった者
③ 被相続人とその被相続人の配偶者との婚姻前にその被相続人の配偶者の特別養子となった者で、その婚姻後にその被相続人の養子となった者
④ 実子、養子またはその直系卑属の代襲相続人

特別養子は、養親夫婦と、血の繋がっていない幼少の養子との間に、実の親子と同様の間柄を形成する制度です。この制度の趣旨から、相続税の計算において人数制限がかかる養子は特別養子ではなく、普通養子を想定していることがわかります。

特別養子では、普通養子と異なり、家庭裁判所の審判による許可が下りないと、縁組ができません。実方の血族との親族関係は終了しますので、実親からの相続権は失われることになります。

2 意　　義

特別養子縁組とは、実方の血族との親族関係を終了させる養子縁組をいいます。実親による養育が受けられない未成熟子の福祉を目的とする制度であることから、厳格な要件が定められています。

(1) 要　　件
① 養親となる者は配偶者のいる者でなければならず、夫婦の一方が他方の嫡出子を養子とする場合でない限り、夫婦が共同して縁組をすること（民817の3）

② 養親となる夫婦の少なくとも一方は25歳以上であり、他方は20歳以上であること（民817の4）
③ 養子が申立ての時において6歳未満であること、または8歳未満であって6歳に達する前から養親となる者に監護されていること（民817の5）
④ 養子となる者の父母（実父母）の同意があること（民817の6。父母が意思表示をすることができない場合または養子となる者の利益を著しく害する事由がある場合は除かれます）
⑤ 父母による監護が著しく困難または不適当などの事情があり、子の利益のために特に必要があると認められること（民817の7）
⑥ 6か月以上の試験養育期間の監護状況を考慮すること（民817の8）

（2）効　　果

特別養子縁組により、養子は養親夫婦の嫡出子としての地位を取得し、実方の血族との法定血族関係が終了します。

（3）離縁の方法

特別養子縁組では、離縁（特別離縁）においても、厳格な要件のもとに、家庭裁判所の審判が必要とされます（民817の10）。

3 手続の流れ

特別養子縁組は、何らかの血縁関係のある者の間で行われる場合を除けば、都道府県の設置する児童相談所または民間の届出事業者のあっせんを受けて行われることが通常です。審判の申立て後においては、6か月間の試験養育期間を設けることが原則となっていますが、申立てに先行して養親が里親として養子を監護しており、その状況が児童相談所の資料により明らかな場合等は、その期間を試験養育期間に含めることができます（民817の8）。

縁組の成立の審判にあたっては、①養子となるべき者の父母、②父母以外で親権を行使する者及び未成年後見人、③養子となるべき者の父母の親権者及び後見人に対し、陳述を聴取する機会が与えられます（家事164③）。

普通養子縁組が戸籍の届出により成立するのに対し、特別養子縁組は、家

庭裁判所の審判が確定した時に成立します。

(1) 申立権者

　特別養子縁組の成立の審判の申立ては、養親となる者が、夫婦共同して行います。

(2) 管　　轄

　養親となる者の住所地を管轄する家庭裁判所です（家事164①）。

(3) 即時抗告

　特別養子縁組を認める審判またはその却下の審判に対しては、即時抗告を認める規定はありません。

4　実務上のポイント

　特別養子縁組の成立の審判が確定した後は、申立人（養親）は、確定から10日以内に、審判書の謄本及びその確定証明書を添付して、その旨を市町村長に届け出なければなりません（戸籍68の2、63）。届出があったときは、現在の戸籍から直接に実父母の氏名や前戸籍が判明しないよう、まず養子について養親の氏で新戸籍が編製されたうえで（戸籍20の3）、その新戸籍から養親の戸籍に入籍する処理がなされます。一方で、戸籍を遡ることにより、実父母の戸籍情報にアクセスできるよう配慮がされています。

第5節 中小企業の経営承継の円滑化に関する審判

1 税理士業務との関係

　日本経済を支えてきた中小企業経営者の多くが高齢を迎え、その事業・資産の世代間承継が社会的な課題となっていることを受けて、平成20年に「中小企業における経営の承継の円滑化に関する法律（経営承継円滑化法）が成立・施行しています。また、平成25年度税制改正により、同法の適用要件が緩和される予定です。

　同法の大きな柱としては、①相続税及び贈与税の納税猶予（同法附則2、措法70の7、70の7の2）、②遺留分に関する民法の特例があります。

(1) 相続税及び贈与税の納税猶予の概要

① 相続税の納税猶予

　後継者が、先代経営者から会社の株式を相続し、その会社を経営していく場合には、その後継者が納付すべき相続税のうち、発行済株数の3分の2に達するまでの部分について課税価格の80％に対応する相続税の納税が猶予されます。納税の猶予を受けるためには、担保の提供が必要ですが、適用を受ける非上場株式のすべてを提供した場合には、担保の提供があったものとみなされます。

　猶予税額は、後継者が死亡した場合等には、納付が免除されます。

　相続の開始までに経済産業大臣の確認を受けており、相続開始後には認定を受け、5年間にわたって経済産業局への報告が必要です。

② 贈与税の納税猶予

　後継者が、先代経営者から会社の株式の贈与を受け、その会社を経営して

いく場合には、その後継者が納付すべき贈与税のうち、その株式に対応する贈与税の納税が猶予されます。納税の猶予を受けるためには、担保の提供が必要ですが、適用を受ける非上場株式のすべてを提供した場合には、担保の提供があったものとみなされます。

猶予税額は、先代経営者が死亡した場合または後継者が死亡した場合等には、納付が免除されます。

贈与の実行までに経済産業大臣の確認を受けており、贈与を受けた後には認定を受け、5年間にわたって経済産業局への報告が必要です。

(2) 遺留分に関する民法の特例の概要

① 除外特例

遺留分の算定にあたっては、まず遺贈や一定の生前贈与の対象とされた財産を相続開始時の金額で評価し直したうえで、その金額を相続財産の金額に含めて「基礎財産額」を計算します。この基礎財産額のうち、法定の割合を取得できなかった相続人に、遺留分減殺請求が認められることになります。つまり、基礎財産額が増加すれば、生前贈与を受けた相続人の遺留分返還の負担も増大することになります。

除外特例は、以上の例外として、先代経営者から後継者が自社株式等の贈与を受けた場合に、その金額を遺留分の基礎財産額に含めなくてもよいとするものです。除外特例の適用を受けるには、①推定相続人全員の合意、②経済産業大臣の確認、③家庭裁判所の許可が必要とされています。

② 固定特例

遺留分算定の基礎財産額を計算するにあたっては、遺贈や一定の生前贈与の対象とされた財産を「相続開始時の金額」で評価し直します。つまり、生前贈与から実際の相続開始までに対象財産の価値が上昇すると、生前贈与を受けた相続人の遺留分返還の負担も増大することになります。

固定特例は、その例外として、先代経営者から後継者が自社株式等の贈与を受けた場合に、その評価額を「相続人の合意時における相当な金額」に固定できるとするものです。

固定特例の適用を受けるにあたっても、㋐推定相続人全員の合意、㋑経済

産業大臣の確認、(ｳ)家庭裁判所の許可が必要とされています。

また、合意する自社株式(持分)の価額は、その適正さを裏付けるために、弁護士、公認会計士または税理士（法人を含みます）の証明が必要となっています。

2 意　　　義

(1) 遺留分に関する民法の特例

先述のとおり、経営承継円滑化法における遺留分に関する民法の特例に関して、①除外特例の合意（経営承継4①一）と、②固定特例の合意（経営承継4①二）とが認められています。また、これらの合意をする際には、併せて、後継者または他の相続人が贈与を受けた自社株式以外の財産についても、遺留分算定の基礎財産から除外する旨の定めをすることができます（経営承継5、6）。

(2) 要　　　件

除外特例または固定特例を利用するためには、会社、旧代表者及び後継者が、以下の要件を満たしている必要があります。

① 中小企業者

特例の対象となる中小企業者は、次頁表2-14のいずれかに該当する「会社」であって、3年以上継続して事業を行っており、株式を金融商品取引所に上場（または店頭登録）していないものに限られます（経営承継3①、同令、同規2）。これを「特例中小企業者」と呼びます。

② 旧代表者

旧代表者は、過去に対象企業の代表者であった者か、または現に代表者である必要があります（経営承継3②）。

また、遺留分のある推定相続人のうち少なくとも1人に対し、対象企業の（議決権のある）株式または持分を贈与していなければなりません。

③ 後　継　者

後継者は、旧代表者の推定相続人であり、現在において対象企業の代表者

表2-14　特例の対象となる中小企業者

主たる事業の種類	資本金の額または出資の総額	常時使用する従業員の数
製造業、建設業、運輸業	3億円以下	300人以下
卸売業	1億円以下	100人以下
サービス業	5,000万円以下	100人以下
小売業	5,000万円以下	50人以下
ゴム製品製造業（注）	3億円以下	900人以下
ソフトウェア業 または情報処理サービス業	3億円以下	300人以下
旅館業	5,000万円以下	200人以下

（注）　自動車または航空機用タイヤ及びチューブ製造業並びに工業用ベルト製造業を除く。

である必要があります（経営承継3③）。

　また、旧代表者から対象企業の（議決権のある）株式または持分の贈与を受けて（または旧代表者から贈与を受けた者からの相続、遺贈または贈与により）、その議決権の過半数を有していなければなりません。

　さらに、除外特例または固定特例の合意の対象とする自社株式または持分を除いても、後継者が議決権の100分の50超の数を確保しているときは、この制度は利用できません。

（3）　合意の形式と内容

① 　合意の形式

　除外特例または固定特例の合意は、推定相続人全員により行われます。合意は、書面をもって行わなければなりません（経営承継4①柱書）。

② 　合意の内容

　合意の内容として、次のような定めが置かれます。

　　ア　除外特例の定め

　除外特例の定めは、後継者が旧代表者からの贈与（または旧代表者から贈

与を受けた他の推定相続人からの相続、遺贈もしくは贈与）により取得した対象企業の株式または持分の全部または一部について、その価額を遺留分算定の基礎財産額に算入しない旨の定めをいいます。

　イ　固定特例の定め

　固定特例の定めは、贈与対象の株式または持分の全部または一部について遺留分算定の基礎財産額に算入すべき価額を、「相続開始時における価額」ではなく、「合意の時における価額」とする旨の定めをいいます。

　この価額については、弁護士、公認会計士（外国公認会計士）または税理士（いずれも法人を含みます）により、合意時点における相当な価額として証明を受ける必要があります。

　ウ　後継者が株式等を処分しまたは代表者でなくなった場合の措置に関する定め

　除外特例及び固定特例は、円滑な経営承継を目的として、後継者以外の相続人の遺留分を制限するものであるため、その目的が果たされない場合に、他の相続人がとりえる措置の定めを設けることが必要とされます（経営承継4③）。具体的には、①後継者が除外特例または固定特例の対象とした株式または持分を処分する行為をした場合、②旧代表者の生存中に、後継者が対象企業の代表者として経営に従事しなくなった場合に備えるものであり、被後継者が除外特例または固定特例の合意を解除できる旨の定め、被後継者から後継者への違約金の定め等がこれにあたります。

　エ　株式等以外の財産に関する除外特例の定め

　除外特例または固定特例の合意をする際には、任意の定めとして、併せて後継者が旧代表者からの贈与（または旧代表者から贈与を受けた他の推定相続人からの相続、遺贈もしくは贈与）により取得した対象企業の株式または持分以外の財産の全部または一部について、その価額を遺留分算定の基礎財産額に算入しない旨の定めをすることができます（経営承継5）。

　オ　推定相続人間の衡平を図るための措置に関する定め

　除外特例または固定特例の定めの見返りとして、他の推定相続人にも何らかのメリットを与える定めを置き、後継者と他の相続人とのバランスを図る

ことができます。例えば、後継者が旧代表者の老後の生活・介護の負担を負う旨の定め等が想定されます。

また、他の相続人が取得した財産についても、除外合意に相当する定めをすることが認められています（経営承継6②）。

（4） 経済産業大臣の確認

除外特例または固定特例の合意をした場合には、合意の日から1か月以内に、以下の4事項について、経済産業大臣の確認を受けることができます（経営承継7①②）。

① 合意が、対象企業の経営の承継の円滑化を図るためにされたものであること
② 確認の申請をした者が、合意をした日において後継者であったこと
③ 合意をした日において、後継者が所有する対象企業の株式または持分の議決権の数が、合意の対象とした株式または持分を除いて、総株主または総社員の議決権の100分の50以下の数であったこと
④ 除外特例または固定特例の合意に際し、後継者以外の推定相続人がとることができる措置に関する定めの合意をしていること

確認の申請にあたっては、表2-15の書類を添付することが要求されています（経営承継7②、同規3②）。

表2-15　経済産業大臣による確認申請の際の添付書類

1	除外特例または固定特例の合意に関する記載及び対象企業の経営の承継の円滑化を図るために当該合意をした旨の記載のある書面であって、当事者全員の署名または記名押印のあるもの
2	固定特例の合意に係る「合意時における相当な価額」の証明書
3	上記のほか、次の各書面 ⓐ　合意当事者全員が押印した印鑑に係る印鑑登録証明書（確認申請日の前3か月以内に作成されたものに限る） ⓑ　合意日における対象企業の定款の写し ⓒ　対象企業の登記事項証明書（確認申請日の前3か月以内に作成されたものに限る）

ⓓ　合意日における特例中小企業者の従業員数証明書
　　ⓔ　対象企業の合意日の前3年以内に終了した各事業年度の計算書類その他これらに類する書類
　　ⓕ　対象企業が上場会社等に該当しない旨の誓約書
　　ⓖ　対象企業が農業生産法人（農地法2③）であり、農業委員会に事業状況の報告義務（同6①）を負う場合には、合意日において農業生産法人である旨の農業委員会（市町村長）の証明書
　　ⓗ　旧代表者が合意日において対象企業の代表者でない場合にあっては、旧代表者が対象企業の代表者であった旨の記載のある登記事項証明書
　　ⓘ　合意日における旧代表者と、その推定相続人（遺留分のある者）全員との関係を明らかにするすべての戸籍謄本等
　　ⓙ　対象企業が株式会社である場合にあっては、合意日における株主名簿の写し
　　ⓚ　以上のほか、確認の参考となる書類

（5）　家庭裁判所の許可

　除外特例または固定特例の合意は、経済産業大臣の確認を受けた日から1か月以内に家庭裁判所に申立てを行い、許可を受けなければ効力を生じません（経営承継8）。
　家庭裁判所は、除外特例または固定特例の合意が当事者の全員の真意に出たものであるとの心証を得なければ、これを許可することができません。

（6）　合意の効力の消滅

　除外特例または固定特例の合意の効力は、合意の前提が失われた場合や相続関係に変動が生じた場合には、消滅することになります。具体的には、以下のような事情が生じた場合です
① 　経済産業大臣の確認が取り消されたとき
② 　旧代表者の生存中に後継者が死亡し、または後見開始もしくは保佐開始の審判を受けたとき
③ 　当該合意の当事者以外の者が新たに旧代表者の推定相続人となったとき
④ 　合意の当事者の代襲者が旧代表者の養子となったとき

3　手続の流れ

(1)　申立権者
　申立てをすることができるのは、経済産業大臣の確認を受けた者、すなわち除外特例または固定特例の合意をした後継者です。

(2)　管　　轄
　旧代表者の住所地を管轄する家庭裁判所です（家事243①）。

(3)　即時抗告
　除外合意または固定合意についての許可の審判に対しては合意の当事者（申立人を除きます）から、その却下の審判に対しては申立人を含めた合意当事者全員から、即時抗告をすることができます（家事243③）。

4　実務上のポイント

　中小企業庁のまとめによると、平成23年2月末時点の経済産業大臣による認定実績は、相続税の納税猶予が280件、贈与税の納税猶予が80件、金融支援が40件、また民法特例の確認が26件（除外特例の合意のみ）と、いずれも利用者が少ないのが現状です。
　利用者が僅少である理由として、推定相続人全員の合意を得ることが難しい、株式価値の減少があるとかえって後継者の遺留分負担が増加してしまうといった内容的な理由の他に、実行までに相当な労力が必要である点が挙げられます。税務申告の部分の他にも、経済産業大臣の確認・認定、家庭裁判所の許可審判、経済産業局への報告など、手続が各方面にまたがっており、納税の免除に辿り着くまでに多大な手間と時間を要することが阻害要因として挙げられます。
　制度の利用にあたっては、経過を的確に把握し、これらの手続に対応できる体制を維持していく必要があるといえます。
　なお、平成25年度税制改正大綱において、相続税及び贈与税の納税猶予制度の拡充（平成27年1月施行）が予定されています。これによれば、①納税

猶予を受けられる後継者の範囲を親族外の第三者にも拡大する、②経済産業大臣による事前確認制度を廃止する、③事業継続後の雇用維持要件を緩和する、等の措置が講じられています。

　ただし、遺留分に関する民法の特例については改正は予定されておらず、第三者へ自社株式等の遺贈・贈与があった場合でも、遺留分減殺請求を制限することはできませんので、注意が必要といえます。

第6節　厚生年金保険の分割に関する審判

1　税理士業務との関係

　わが国の公的年金制度は、いわゆる「2階建て方式」を採用しています。国民年金（基礎年金）の被保険者は、次の3つに分類されています（国年7①）。
① 　自営業者やその被扶養配偶者、学生など、日本国内に住所を有する20歳以上60歳未満の者であって、次の②または③に該当しない者（第1号被保険者）
② 　会社員、公務員等、被用者年金各法の被保険者、組合員または加入者（第2号被保険者）
③ 　第2号被保険者の被扶養配偶者（第3号被保険者）
　第2号被保険者に関しては、2階部分として、厚生年金保険法に基づく厚生年金（国家公務員共済組合法または地方公務員等共済組合法に基づく共済年金）に加入する仕組みとなっています。
　したがって、夫が第2号被保険者であり、妻が専業主婦で第3号被保険者であるような場合、この夫婦が離婚して生計が別になると、夫のみが2階部分の給付を受けることができることになり、夫婦間に不均衡が生じます。そこで、厚生年金保険（共済年金）の分割の制度が設けられているわけです。
　厚生年金保険の給付額は、被保険者の収入に応じた「標準報酬」の額を基準として定められます（厚年20、43①）。この標準報酬の額を、離婚等をする夫婦間で分割するのが、厚生年金保険の分割の制度です。分割には、通称「合意分割」と、「3号分割」と呼ばれるものがあり、合意分割については、分

割の割合（按分割合。厚年78の２①一）を当事者の合意で定めることになります。そして、当事者間の協議では按分割合を定められないときに、家庭裁判所の処分により、按分割合の決定を受けることができる仕組みになっています。

2 意　　義

　前述のとおり、厚生年金保険の分割の制度には、「合意分割」と「３号分割」とがあり、家事事件手続の対象となるのは、合意分割です。両制度は、重複して利用することが可能です。

(1) 合意分割

　合意分割とは、第２号被保険者とその被扶養配偶者である第３号被保険者とが離婚等をした場合に、婚姻期間中の両当事者の標準報酬額（厚生年金記録）を、当事者の合意または家庭裁判所の決定により定められる按分割合を基準として、分割できる制度です（厚年78の２）。離婚のみでなく、婚姻の取消しまたは事実婚の解消により、被扶養者が第３号被保険者の資格を失った場合にも、利用することができます（厚年規78）。

　分割される按分割合は、当事者それぞれの対象期間の標準報酬総額の合計額に対して分割を受ける側（第３号被保険者）が本来有していた標準報酬総額の割合を超えるものであり、２分の１以下の割合で定めなければなりません（厚年78の３①）。

　按分割合が決定された後は、当事者の一方から厚生労働大臣に対して標準報酬改定請求が行われますが、この請求は、原則として、離婚、婚姻の取消し、または事実婚の解消による第３号被保険者資格の喪失の日の翌日から起算して、２年以内にしなければなりません（厚年78の２①ただし書。例外につき厚年規78の３②）。

　標準報酬改定請求に基づき、厚生労働大臣による標準報酬の改定または決定がされると、当事者の厚生年金の給付額は、分割後の標準報酬額に基づき計算されることになります。

（2） 3号分割

　3号分割は、第2号被保険者とその被扶養配偶者である第3号被保険者とが離婚等をした場合に、第3号被保険者の請求により、平成20年4月1日以後の婚姻期間中の相手方の標準報酬額（厚生年金記録）を、当事者間で2分の1ずつ分割することができる制度です（厚年78の14①②）。

　合意分割との差異は、①分割割合の決定に当事者の合意または家庭裁判所の処分を必要とせず、2分の1に固定される点、②婚姻中に請求者が第3号被保険者でない期間がある場合には、その期間の標準報酬額が分割の対象とならない点、③分割される標準報酬額は、平成20年4月1日以後のものに限定される点、④離婚の届出をしていなくても、3年以上の行方不明または離婚と同様の状態にあることを夫婦双方が認めている場合には、請求が認められる点（厚年規78の14）等が挙げられます。

　厚生労働大臣に対する3号分割の請求期間についても、厚生労働省令により、原則として2年間の制限が設けられています（厚年規78の17）。

　なお、合意分割の請求が行われた場合、婚姻期間中に3号分割の対象となる期間が含まれるときは、合意分割と同時に3号分割の請求があったとみなされます（厚年78の20）。

3　手続の流れ

　標準報酬改定請求（合意分割の請求）の前提として、まずは当事者の一方または双方から、厚生労働大臣に対して必要な情報の提供を請求することができます（厚年78の4①、請求書の記載事項及び添付書類につき厚年規78の6）。これに応じて、厚生労働大臣からは、対象期間標準報酬総額、按分割合の範囲、これらの算定の基礎となる期間その他の必要な情報（厚年規78の8）が提供されます。

　次に、当事者間において、年金分割の請求をすること及びその按分割合について、合意に向けて協議を行います。合意に達したときは、公正証書を作成するか、または私署証書に公証人の認証を受けることが必要とされ、標準

報酬改定請求の際には、添付書類としてその証書を添付しなければなりません（厚年78の2③、厚生金78の4①一）。

一方、協議により合意に達しないとき、または協議をすることができないときには、当事者の一方から、家庭裁判所に対して請求すべき按分割合を定める審判を申し立てることができます。また、いきなり審判を申し立てず、家事調停を申し立てることも可能です。

（1）申立権者
合意分割における按分割合の決定の申立てをすることができるのは、離婚等の当事者です（厚年78の2②）。

（2）管　　轄
申立人または相手方の住所地を管轄する家庭裁判所です（家事233①）。

（3）即時抗告
合意分割における按分割合に関する処分の審判及びその申立てを却下する審判に対しては、申立人及び相手方から、即時抗告をすることができます（家事233②）。

4　実務上のポイント

家庭裁判所の審判により合意分割の按分割合が決定される場合においては、特別な事情がない限り、2分の1とされます。婚姻期間中に別居期間があるという事情や、離婚時の財産分与の内容は、原則として按分割合に影響しないと解されています。

第3章

家事調停の手続

第1節　遺産分割に関する調停

1　税理士業務との関係

　遺産分割協議が調わないとき、または協議をすることができないときは、調停が試みられることになります。遺産分割の場面では、時として相続人間に非合理的・感情的な対立が存在しているものですが、公的な第三者が間に入ることで話合いがまとまる余地があれば、調停は非常に有力な解決手段となりえます。また、遺産分割に入る前提として、遺産の範囲や遺言書の有効性等について意見の対立がある場合に、それが当事者の合意によって処分できる性質のものであれば、こうした前提問題についても一度に解決できることになります。

　反面、当事者の対立が激しく、譲合いが期待できないときは、調停を試みても無意味となってしまいます。専門職としては、対立の程度を冷静に把握し、適切な手続を選択するよう助言する必要があるといえます。

2　意　　　義

　遺産分割調停は、調停委員会の仲介により、当事者の話合いによって遺産分割を成立させる手続です。当事者全員の合意が得られる限り、法定相続分にとらわれず、事案ごとの実情にかなった柔軟な分割が可能です。

3　手続の流れ

　遺産分割調停が申し立てられると、おおむね1か月に1回程度の頻度で期日が指定され、話合いの機会が設けられます。調停の運営は、裁判官の指揮により（家事259）、調停委員会が行います。事案に応じて、当事者が同席することもありますし、別室で調停委員を介して意見を述べ合うことが行われます。

　合意が成立すると調停調書が作成されます。金銭の支払いや動産・不動産の引渡しが合意されているときは、調停調書の記載に基づき、強制執行をすることができます（家事268①、75）。

　合意が成立する見込みがない場合、または成立した合意が相当でないと認められる場合には、調停委員会により調停は終了され、手続は審判に移行します（家事272①④）。もっとも、遺産分割の内容自体に反対がなく、単に出席が難しい等の手続的な理由で調停が成立しないような場合であれば、「調停に代わる審判」をすることも認められています（家事284）。

(1) 申立権者

　遺産分割の調停の申立てをすることができるのは、各共同相続人（その法定代理人、特別代理人を含みます）、包括受遺者（民990）及び相続分を譲り受けた者（民905①）です。

(2) 管　　轄

　相手方の住所地を管轄する家庭裁判所です。相手方が複数あるときは、いずれかの家庭裁判所を選択することになります。

　調停が不成立の場合には審判に移行することになりますが、裁判所の裁量または当事者の合意により、調停をした家庭裁判所で審判手続が行われるのが一般的といえます（家事9①ただし書、66①）。

4　実務上のポイント

　遺産分割調停が不成立の場合には、審判に移行しますが、調停であれば解

決できる問題が審判では解決できない場合があるため注意が必要です。例えば、銀行預金債権のような当然に分割される財産の帰属の問題や、住宅ローン債務のような相続債務の内部的な帰属の問題は、調停であれば当事者全員が合意することで遺産分割と一体的に解決することができますが、これらの問題は、審判の対象となりません。また、相続開始後に生じた果実（不動産賃料や有価証券利息）や葬儀法要費用の負担について対立がある場合にも、審判の対象とはならず、解決することができません。

第2節 寄与分に関する調停

1 税理士業務との関係

(1) 寄 与 分

　寄与分は、相続人の中に被相続人の財産形成に特別の寄与をした者がいる場合に、その者の具体的相続分を、寄与の額に相当する割合分だけを増加させる制度です。

　相続税の申告期限までに未分割の相続財産については、民法の相続分（寄与分を除きます）または包括遺贈の割合で取得したものとして、課税価格を計算するように相続税法55条で定められています。相続税では寄与分は考慮されないので、もし寄与分があった場合には、相続税での相続分の割合と、民法上の具体的相続分の割合とが異なる結果となります。

　寄与分についてよく聞く話が、日頃より被相続人の面倒をみていたからその分の財産を貰いたいという希望です。これを「特別の寄与」と評価されるためには、少なくとも、本来被相続人が負担すべきであった療養看護に伴う費用を相続人が代わりに負担する等し、被相続人の財産の減少をとどめる効果があったことが必要です。家事審判実務では、簡単には特別の寄与は認められないようですので、注意が必要です。

(2) 特 別 受 益

　特別受益とは、相続人の中に遺贈や一定の生前贈与など、相続財産の前渡しと認められる利益を受けた者がいる場合に、その者の具体的相続分を、受けた利益の額に相当する割合分だけ減少させる制度です。

　相続税の生前贈与加算は3年前からですが、特別受益の生前贈与は、何年

前のものでもカウントします。また、相続税の生前贈与加算は、贈与内容を問いませんが、特別受益の生前贈与は、一定のものだけが対象です。

　上記、寄与分のところで未分割財産がある場合の相続税の課税価格は、寄与分によるものを除き、民法に基づく相続分の割合で取得したものとして計算される旨を述べました。したがって、特別受益は、法定相続分で取得したものとして計算の中に入ります。

　また、相続税の生前贈与加算を計算する場合の贈与額は、贈与時の価額であるのに対して、特別受益の持戻計算をする場合の価額は、相続開始時の価額です。民法上、遺産分割をする場合における相続財産の価額は遺産分割時点の価額（これに対して相続税は相続開始時の価額です）が通説となっていますが、特別受益分に関しては相続開始時の価額と別の時点の価額になっています。民法に基づく相続分計算は相続税の計算方法とかなり異なっています。

2　意　　義

(1) 寄　与　分

　寄与分は、共同相続人の中に、被相続人の事業に関する労務の提供または財産上の給付、被相続人の療養看護その他の方法により被相続人の財産の維持または増加について特別の寄与をした者がいる場合に、被相続人が相続開始の時において有した財産の価額からその寄与分の額を控除したものを相続財産とみなし、法定相続分（または遺言による指定相続分）に寄与分を加えた額をもって寄与分権利者の具体的な相続分とする制度です（民904の2①）。みなし相続財産というと、税務では民法上の相続財産ではなく、課税上で相続財産とみなす財産のことが頭に浮かびますが、民法では相続財産から寄与分を控除して、これに特別受益を加えた金額をみなし相続財産と呼んでいます。

　寄与分は、後述する特別受益とは異なり、寄与の態様が必ずしも金銭的な寄与に限られず、遺産分割とは別個の協議（調停または審判）の対象とされ

ています（民904の2②）。相続債務の承継がある場合、寄与分による相続分割合の修正を当然に債権者に対して主張できるわけではありませんので、注意が必要です。

① 寄与分権利者

まず、寄与分を主張することができる者は「共同相続人」に限られるので、注意が必要です（民904の2①）。例えば、遺産分割に参加することができない「息子の嫁」や「内縁の妻」等は、被相続人の財産形成に大きく貢献していても、自らが寄与分権利者となる余地はありません。

また、包括受遺者（民990）については、「相続人と同一の権利義務を有する」ものとして遺産分割に参加できますが、寄与分は認められないとするのが通説となっています。包括遺贈は、多くの場合、受遺者の寄与に報いる趣旨が含まれていることから、別途寄与分を認める必要はない等の理由によります。

以上に対して、特別受益を受けているため具体的相続分を有しない相続人（民903）については、遺産分割の協議に参加すること自体は可能であり、寄与分を主張することができます。

代襲相続人については、代襲原因を問わず、被代襲者の寄与を主張することができると解されています（東京高決平元.12.28（家月42巻8号45頁）、横浜家審平6.7.27（家月47巻8号72頁））。また、他の共同相続人と同順位である以上、代襲相続人が自らの寄与を主張することも可能です（代襲原因の発生以前の寄与であっても構いません）。

また、通説によれば、被相続人について相続が開始した後、その遺産分割前に寄与分を有する相続人（中間相続人）が死亡した場合、その中間相続人の相続人（再転相続人）は、中間相続人の寄与分を自己のために主張することができます（再転相続人は、中間相続人の相続人として、被相続人の相続に関する遺産分割協議に参加できます。昭29.5.22民事甲1037回答）。

② 寄与の態様

ア 被相続人の事業に関する労務の提供

主として農水畜産業や商工業（個人商店、工務店等）に代表される、いわ

ゆる「家業」に従事した者の尽力をいいます。個人経営の医院、税理士事務所等も、被相続人の事業と認められる限り、同様に扱われます。被相続人の事業が法人形態である場合には、法人に対する労務の提供があっても、寄与分として評価されないのが原則です。

　いかなる内容、いかなる程度の労務の提供があれば「特別の寄与」があったと評価できるのかという点については、事案ごとに種々の事情を総合考慮して判断することになりますが、例えば、事業主である被相続人との間で労働契約を締結し、当該労働契約に基づく労務の提供の対価として給与その他の賃金収入を得られる地位にあった者は、その契約当事者としての地位がほとんど形骸化していた等の特別の事情がない限り、当該労働契約上の義務に属する労務の提供を「特別の寄与」として主張することはできないと考えられます。その者の寄与は、賃金を受け取ることによりすでに評価されているためです。

イ　被相続人の事業に関する財産上の給付

　典型例としては、被相続人に対する事業資金の供与（きわめて被相続人に有利な条件での融資（金銭消費貸借）を含みます）や、事業用資産（不動産、農工用具等の動産、預貯金債権、のれん等）の無償譲渡ないし無償貸与（使用許諾を含みます）が考えられます。

　一方、相続人が被相続人の債務を保証し、または債務引受けをしたような態様の場合は、通常は財産上の「給付」があったとは言い難く、それらの行為が被相続人の「財産の維持または増加」に貢献するかという点も、否定的に考えられます。もっとも、相続人の保証によって被相続人が運転資金の調達に成功し、または債務引受けによって被相続人の負債が軽減された結果、かろうじて事業の破綻を免れ、その後の事業発展につながった、というような事情があれば、後述の「その他の方法」による寄与として認めることが可能となります。

ウ　被相続人の療養看護

　長年にわたり被相続人に付き添って看病をしてきたことや、起居をともにして身辺の世話をしてきたこと等が典型例といえますが、被相続人のために

介護事業者との間で介護契約を締結し、サービス利用料金を含む諸費用の大部分を負担したような場合も、ここでいう「療養看護」による寄与があったと認められます。

ただし、「療養看護」は、被相続人との間の親族関係に基づいて通常要求される程度を超えるものでなければならず、例えば、配偶者であれば同居、協力及び扶助の義務（民752）の、直系血族、兄弟姉妹であれば扶養義務（民877①）ないし扶け合義務（民730）の範囲にとどまる療養看護にすぎなければ、「特別の」寄与があったとは認められません。

なお、被相続人の療養看護により、その財産が「増加」するということは考えられませんので、寄与分の認定にあたっては、被相続人の財産を「維持」することができたか否かを検証することになります。

エ　その他の方法

特別の寄与は、被相続人の「財産の維持または増加」に貢献する限り、いかなる行為（方法）でもよいわけですが（上記ア～ウは例示に過ぎません）、単なる精神的な援助のみでは足りないと解されています。以下、具体例について検討します。

　　ⓐ　配偶者の家事労働

配偶者の家事労働は、原則として法定相続分により評価されており、重ねて寄与分を認める必要はありませんが、特別な家事労働については、寄与分として算定できる、と解するのが多数説です。

　　ⓑ　婚姻後に被相続人の名義で取得させた財産

被相続人が配偶者と婚姻した後に自己の名義で取得した財産（とりわけ居宅等の不動産）について、実質上、その取得費用の大部分が配偶者の収入で賄われたと推定される事情があるときは、配偶者に相応の寄与分を認めてよいとされます（神戸家(伊丹)審昭62.9.7（家月40巻8号86頁）参照）。

　　ⓒ　扶養義務の履行

被相続人に対する扶養義務者がその義務の範囲内で被相続人の生活費、遊興費等を負担していた場合は、一般的には「特別な寄与」があったと評価することは困難です。また、そもそも扶養義務の清算（求償関係の整理）の問

題は別途当事者間の協議等により解決すべきで、これを遺産分割の場に持ち込むことは必ずしも適切ではない、との見解もあります(盛岡家審昭61.4.11(家月38巻12号71頁)参照)。

しかし、①現実の国民感情としては、扶養義務の履行が相続に際して有利に働くであろうとの期待から、両者を一体的なものと捉える傾向が顕著である、②たとえ他の扶養義務者に事後的な求償を期待できるとしても、親族(推定相続人)間の争いを回避したいという被相続人の心情から、実際には一部の扶養義務者に負担が集中してしまうという事例は少なくない、③他の扶養義務者に求償できるといっても、扶養が相当長期にわたるような場合には、具体的な求償額を算出し、これを資料で裏付けることは事実上極めて困難である、といった理由から、審判例の中にも扶養義務者に対して寄与分を認めたものがみられます(大阪家審昭61.1.30(家月38巻6号28頁))。

ⓓ その他

具体的には、被相続人がその財産に属する不動産について訴訟を提起したところ、第1審で敗訴したため、証拠の収集等を通じて控訴審における被相続人の勝訴に貢献した相続人に対し、寄与分として遺産の1割を認めた審判例があります(大阪家審平6.11.2(家月48巻5号75頁))。

③ 寄与の程度

寄与分は、共同相続人のうち被相続人の財産の維持または増加について「特別の」寄与をした者に認められます。先述のとおり、当事者間の契約や法令上の扶養義務に基づいて行為をしたというだけでは、特別の寄与があったとはいえません。これらの場合には、契約に基づき、または法令の規定に従って、対価の支払い等により清算が図られるためです。すなわち、相続人の行為が特別の寄与にあたるというためには、行為に「無償性」が必要です。

もっとも、親族間で締結される契約は、内容が必ずしも明確でない場合も多く、無償性を厳格に要求すると、相続人の寄与を正当に評価する機会が失われてしまうおそれがあります。したがって、被相続人と寄与者との間に対価関係を伴う契約が存在していた場合でも、それのみで寄与分が否定されるわけではありませんので、留意が必要です。

④ 共同相続人以外の者による寄与行為

　共同相続人ではないものの、ある共同相続人と密接な人的関係にある者（寄与補助者）に特別の寄与が認められる場合に、当該共同相続人は、寄与補助者の行為を「特別の寄与」として主張することができると解されています。例えば、相続人Aの妻B及び子Cが長年にわたりAの父（被相続人）と同居して療養看護に努めてきたという事情の下では、B及びCがAにとっての寄与補助者として、Aによる寄与分の主張が認められます（審判例として、東京高決平元.12.28（家月42巻8号45頁）等）。

⑤ 寄与分の評価

　寄与分の態様は財産的な給付に限られないため、その評価には困難を生じることが多いものです。実務的には、寄与が労務の提供によるときはその労働対価相当額を基準とし、療養看護によるときはヘルパー利用料を基準とすることになりますが、さらに、寄与の時期、方法及び程度、相続財産の額その他一切の事情をも考慮しなければならず（民904の2②）、必ずしもこの基準が適当とは限りません。結局、蓄積された過去の事例に即して判断することになります。また、寄与分は、被相続人が相続開始の時において有した財産の価額から遺贈の価額を控除した残額を超えることができません（民904の2③）。したがって、相続財産のすべてが遺贈の対象となっている場合には、寄与分を定める余地はありません。

　なお、遺贈が寄与分権利者の遺留分（民1028）を侵害するものであったとしても、遺留分の算定にあたり寄与分は考慮されませんので（民1029①参照）、遺留分減殺の請求（民1031）は、法定相続分または指定相続分の割合を基準として、行わざるを得ないことになります。

(2) 特別受益

　特別受益は、一部の相続人が被相続人から特別な利益（特定目的の贈与、または遺贈）を受けている場合に、その贈与または遺贈を、いわば「相続分の前渡し」として取り扱い、利益の額に相当する割合を特別受益者の法定相続分または指定相続分から控除する制度です。寄与分とは異なり、独立した家事審判または調停の対象ではありませんが、寄与分と同様の相続分の修正

要素として、便宜的に本節で説明しています。

① **特別受益者の範囲**

民法は、表 3-1 に掲げる者を特別受益者としています（民903①）。

表 3-1　特別受益者の範囲

1	被相続人から遺贈を受けた者
2	被相続人から婚姻のために贈与を受けた者
3	被相続人から養子縁組のために贈与を受けた者
4	被相続人から生計の資本として贈与を受けた者

（注）「贈与」には、死因贈与（民554）を含む。

特別受益者にあたるか否かが問題となる者として、次のようなものがあります。

ア　**限定承認または相続放棄をした者**

共同相続人全員が限定承認（民922以下）をした場合には特別受益者制度の適用があるのに対し、相続放棄（民938以下）をした者は、相続開始の時から相続人とならなかったものとみなされる（民939）ため、特別受益者制度の適用を受けることはありません。

イ　**代襲相続人**

代襲原因の発生後（代襲者が推定相続人となった後）に被相続人から生前贈与を受けた代襲相続人は、特別受益者となりえます。これに対し、代襲原因の発生前の生前贈与については、被相続人からの「相続分の前渡し」とはいえないため、特別受益者にはあたらないと解されています（昭32.8.28民事甲1609回答）。ただし、共同相続人間の公平を図るという特別受益者制度の趣旨に照らし、相続開始の時に共同相続人である以上、当該生前贈与は特別受益にあたる、との見解もあります。

なお、登記実務は、被代襲者が被相続人から特別受益となる生前贈与を受けていた場合にも、その代襲相続人について特別受益者制度の適用があると解しています（昭49.1.8民三242回答）。この場合には、代襲相続人が被代襲者の特別受益を証明することになります。

ウ　推定相続人となる前に生前贈与を受けていた者

　例えば、被相続人Aがその子Bの内縁の夫Cに対し、生計の資本として贈与をした後、B・Cの婚姻を機にAがCを養子にした場合には、多くの学説・審判例は、CはAの相続について特別受益者となると解しています。

　エ　相続人の配偶者・子

　いずれも被相続人の直接の相続人ではないため、原則として特別受益者とはなりません。しかし、これらの者に対する遺贈または贈与が、実質的にみて相続人に対する遺贈または贈与と同視すべき事情があるときは、当該遺贈または贈与について特別受益者制度の適用があると解されています。

② 　特別受益となる行為

　遺贈については、その目的を問わず、すべて特別受益となります。

　一方、贈与については、次のとおり、一定の目的のものに限定されます。

　ア　婚姻または養子縁組のための贈与

　主として、婚姻または養子縁組に際して被相続人から持参金、支度金等の名目でされた金品の贈与がこれにあたります。

　なお、結納金または挙式費用としての贈与が特別受益にあたるか否かについては、学説上の争いがあります。このうち、挙式費用に関しては、特に高額な場合にのみ特別受益にあたるとする見解が有力とされています。

　イ　生計の資本としての贈与

　基本的には、受贈者である推定相続人が生計を維持するために用いることを予定して行われた贈与を指しますが、その対象は相当広範にわたります。

　ここで問題となるのは、まず、高等教育を受けるための財産上の給付（高等学校、専門（専修）学校、大学（短期大学を含みます）、大学院等の入学金、授業料その他諸費用）の取扱いですが、被相続人の資産収入や社会的地位からみて、扶養義務の範囲に属するものと認められるか否かを個々の事案に即して判断し、その範囲を超えない限りは特別受益にあたらないと解するのが妥当とされています。

③ 　特別受益者の相続分の算定

　共同相続人中に特別受益者があるときは、被相続人が相続開始の時におい

て有した財産（遺贈の対象である財産を含みます）の価額に特別受益の内容である贈与の価額を加えたものを相続財産とみなし、法定相続分（民900、901）または指定相続分（民902）の中から特別受益の内容である遺贈または贈与の価額を控除した残額をもって特別受益者の具体的相続分とします（民903①）。

ただし、遺贈または贈与の価額が具体的相続分の価額に等しく、またはこれを超えるときは、受遺者または受贈者は、その相続分を受けることができません（民903②）。

④　持戻しの免除

特別受益がある場合の具体的相続分の計算について、被相続人が民法が定めたルールと異なる意思を表示したときは、遺留分に関する規定に違反しない範囲内で、その効力を有します（民903③）。

具体的には、生前贈与（遺贈）される財産の価額を「被相続人が相続開始の時において有した財産の価額」に加算しない（除外する）旨の遺言を残しておくこと等が考えられます。このような意思表示を、一般に「持戻しの免除」と呼んでいます。少なくとも特定遺贈を行う場合には、合わせて持戻しの免除の有無を明確にしておくことが、紛争を予防する観点から重要です。

被相続人が持戻し免除の意思を表示する方法については、特段の規定がなく、黙示の意思表示でも差し支えないと解されています（福岡高決昭45.7.31（家月22巻11－12号91頁）等）。また、持戻し免除の意思表示は、任意に撤回することができます（ただし、その意思表示を遺言によってした場合は、遺言の撤回の方式（民1022）に従うことが必要です）。

なお、持戻し免除の意思表示が「遺留分に関する規定に違反」している場合でも、当然に無効となるわけではなく、他の共同相続人に遺留分減殺請求権（民1031）が認められるにすぎない、と解するのが通説の立場です。

3　手続の流れ

寄与分は、遺産分割と別個の家事調停または家事審判の対象とされていま

す（民904の2②）。もっとも、寄与分の決定は遺産分割の前提として解決されるべき問題であるため、遺産分割の手続と一体的に処理されるよう手当てがなされています。

　具体的には、寄与分を定める審判を申し立てるには遺産分割の審判が係属していることが必要であり（民904の2④）、両者は同一の家庭裁判所において、併合して審理及び審判がなされます（家事192）。遺産分割の審判が先行している場合には、家庭裁判所から寄与分を定める審判を申し立てるよう求められることがあります。

　また、寄与分を定める調停についても、遺産分割の調停と同一の家庭裁判所において、併合して処理されることになります。寄与分を定める調停は、遺産分割の調停が申し立てられていない場合でも申し立てることが一応可能と解されていますが、そのようなケースはほとんどなく、まずは遺産分割の調停を申し立て、それが不成立となって審判に移行する際に、寄与分を定める審判を申し立てるのが通例のようです。

(1) 申立権者

　寄与分を定める審判または調停の申立てをすることができるのは、寄与行為をした者です（民904の2②）。

(2) 管　　轄

　寄与分を定める審判の管轄権を有するのは、相続が開始した地、すなわち被相続人の最後の住所地（住所が知れないときは居所）を管轄する家庭裁判所です（家事191①）。ただし、遺産分割の審判が別の裁判所に係属しているときは、その裁判所となります（家事191②）。

　寄与分を定める調停の管轄権を有するのは、相手方の住所地を管轄する家庭裁判所です（家事245①）。ただし、遺産分割の調停が別の裁判所に係属しているときは、その裁判所となります（家事245③）。相手方が複数あるときは、いずれかの家庭裁判所を選択することになります。

4 実務上のポイント

(1) 特別の寄与の具体例

寄与分に関する審判例として、表3-2に掲げるものがあります。

表3-2 寄与分の審判例

1 寄与分が認められた事例	ア	被相続人の家業である養豚業に長年従事した妻及び養子に対し、それぞれ寄与分として1,000万円、500万円を認めた（前橋家（高崎）審昭61.7.14（家月38巻12号84頁））。
	イ	被相続人と同居、扶養してきたほか10年以上認知症が目立ち始めた被相続人の療養看護に尽くした子に対し、寄与分として遺産総額2,000万円のうち1,180万円を認めた（盛岡家審昭61.4.11（家月38巻12号71頁））。
	ウ	病気で寝たきりの被相続人を約2年半にわたり、ほとんど常時付き添って世話をした子に対し、寄与分として遺産約850万円中120万円を認めた（神戸家（豊岡）審平4.12.28（家月46巻7号57頁））。
	エ	被相続人の所有地の権利関係を整理し、その売却に尽力した相続人に対し、不動産仲介人の手数料基準も考慮に入れ、寄与分として300万円を認めた（大阪家審昭61.1.30（家月38巻6号28頁））。
	オ	相続人及びその夫、娘が重度の認知症となった被相続人の介護のため、交代で不寝番をした事実を寄与分算定にあたり考慮した（熊本家（玉名）審平3.5.31（家月44巻2号138頁））等。
2 寄与分を認めなかった事例	ア	配偶者として通常の行為以上の療養看護がなされたとは認められず、家計援助の点も格別遺産の形成維持に寄与したとまでは認められないとして、被相続人の妻からの寄与分を定める審判の申立てを却下した（長野家審平4.11.6（家月46巻1号128頁）等）。

(2) 死亡保険金と特別受益

相続税の計算において、みなし相続財産として課税価格に算入されるものに死亡保険金があります。これに対して民法では、相続人のうちの1人を受取人にする被相続人を被保険者とした死亡保険金または保険金請求権は、受取人固有の財産であり、相続財産ではないと考えています。また、死亡保険

金は、特別受益にあたる遺贈及び贈与にも該当しないと解釈されているため、特別な事情がない限り、受取人の相続分が保険金分だけ減少することもない（最判平16.10.29（民集58巻7号1979頁））ことから、注意が必要です。

（3） 預金債権と寄与分・特別受益

　寄与分及び特別受益は、遺産分割の基準を提供する制度として位置づけられています。そのため、遺産分割の対象とならない財産については、寄与分・特別受益を考慮する余地がありません。

　この点で実務上問題となるのは、銀行に対する普通預金債権です。普通預金は、民法の解釈上、相続の開始により当然に法定相続分または指定相続分により分割されて各相続人に承継されると考えられており、遺産分割の対象とはされません。したがって、例えば、遺産の大部分が銀行預金であるような場合には、特別の寄与をした相続人がまったく報われない（特別受益を受けた相続人が、重ねて遺産を取得してしまう）という事態が起こり得るため、特に注意が必要です。

第4章
家事事件手続を理解するための基礎知識

第1節 審理の進行等

I 手続の非公開

　家事事件の手続は、公開されません（家事33）。もっとも、裁判所は、相当と認める者の傍聴を許すことができます。

II 期日の呼出し

　家事事件の手続の期日は、原則として、裁判長が指定します（家事34①）。

【記載例】期日請書

```
平成○年（家イ）第○○○号○○調停申立事件
申立人　○○
相手方　××
                    期 日 請 書

      ◇◇家庭裁判所　御中
                                    平成○年○月○日
                                      申立人　住所
                                        ○○    ㊞

      頭書事件につき、××期日を平成○年○月○日　午前○時○分と指定告知
    されましたので、同日時に出頭します。
```

やむをえない場合は、日曜日等一般の休日に指定されることもあります(家事34②)。

　裁判所は、呼出状の送達、裁判所に出頭した者に対する告知等の方法で、期日の呼出しを行います(家事34④、民訴94①)。呼出しを受けた当事者は、実務上、その旨を記載した書面（いわゆる「期日請書」）を裁判所に提出します（家事34④、民訴94②ただし書）。

Ⅲ 送 達 等

　家事事件手続における送達は、おおむね一般の民事訴訟の場合と同様の規律に従います（家事36、家事規25）。

第2節 審判及び審判以外の裁判

I 審　　判

1 概　　要

　家庭裁判所が行う終局的な裁判を「審判」といいます[1]。
　審判は、家事審判の申立てにより開始された家事審判事件の帰結としてなされるものが典型ですが、家事調停事件の帰結として、または人事訴訟事件を調停に付した場合における事後処理の一環としてなされるものもあります。
　家事審判または家事調停の当事者の一方が、審判において明確にされた実体法上の義務を履行しない場合には、その履行を命ずる裁判（履行命令。家事290）がなされることがあります。

2 告知及び効力発生

　審判は、原則として、次頁の表4－1に掲げる者に対し、相当と認める方法で告知されます（家事74①）。

---

[1] 審判に対する即時抗告に理由があるとして、上級の高等裁判所が行う裁判等、家庭裁判所以外の裁判所が行う裁判であって審判と同等の法的性質を有するものは「審判に代わる裁判」と呼ばれます（一問一答17頁）。

表4-1 審判の告知を受ける者

1	当事者
2	利害関係参加人（家事42⑦）
3	1及び2以外の審判を受ける者

　審判は、これを受ける者に告知[2]することによってその効力を生じます（家事74②）。ただし、申立てを却下する審判は、申立人に告知することによってその効力を生じます（家事74③）。また、即時抗告をすることができる審判は、即時抗告の期間の満了前には確定せず（家事74④）、即時抗告の期間が経過する等して確定しなければ、その効力を生じません。即時抗告の期間の満了前に即時抗告があったときは、審判の確定は遮断されます（家事74⑤）。

　金銭の支払い、物の引渡し、登記義務の履行その他の給付を命ずる審判は、執行力のある債務名義（民執22）と同一の効力を有するものとされています（家事75）。

3　自由心証主義

　裁判所は、審判をするにあたり、審問[3]の期日における当事者、利害関係参加人その他の者の申述の内容、証拠調べの結果等を斟酌し、自由な心証により、事実についての主張を真実と認めるべきか否かを判断します（家事79、民訴247）。

2　「告知」とは、相手方に対し裁判の内容を伝えることをいい、これが有効にされるためには、その相手方が告知を受ける能力を有していることが必要です。したがって、例えば、後見開始の審判における成年被後見人は、本来その審判の告知を受けるべき者といえますが、成年被後見人は通常その能力を有しないため、告知に代えて「通知」をし（一問一答21頁）、後見開始の審判があったことを伝えるものとされています。

3　「審問」とは、家事事件の手続の期日において、審問を受ける者が口頭で事実についての認識、意見等を述べ、これを裁判官が直接聴くことをいいます（一問一答19頁）。なお、審問のほか、家庭裁判所調査官による事情の聞き取り、照会項目についての書面による回答等を含む趣旨で「陳述の聴取」という語が用いられる場合もあります。

4　不服申立て

　審判に対して不服がある場合には、特別の定めがある場合に限り、即時抗告をすることができます（家事85①）。審判に対する即時抗告は、原則として、2週間の不変期間内にしなければなりません（家事86）。

　また、家庭裁判所の審判で不服を申し立てることができないもの及び高等裁判所の家事審判事件についての決定に対しては、その裁判に憲法の解釈の誤りがあることなど、憲法の違反があることを理由とするときに、最高裁判所に抗告をすることができます（家事94①）。確定した審判その他の裁判であって、事件を完結するものについては、再審の申立てをすることができます（家事103）。

Ⅱ　審判以外の裁判

1　概　　要

　家事事件手続の過程で示される裁判所または裁判長の判断のうち、審判に該当しないものを「審判以外の裁判」といいます。
　審判以外の裁判は、その多くが手続上の問題に関してなされるものです。
　審判以外の裁判は、一般的には審判を受けるべき者に告知することによってその効力を生じますが（家事81①、74②）、期日指定の裁判（家事34）等、事件の性質上、告知を受ける者が存在しないため、裁判と同時にその効力が生じるものもあります（一問一答125頁）。
　以上に述べたもののほか、多くの点で、審判と同様の規律が及びます。

2　不服申立て

　審判以外の裁判に対しても、不服がある場合に特別の定めがある場合に限

り、即時抗告をすることができます（家事99）。ただし、その期間は1週間の不変期間となり（家事101①）、原則として、執行停止の効力を有しません（家事101②）。

3 中間決定

　家庭裁判所は、審判の前提となる法律関係の争い等、中間の争いについて、裁判をするのに熟したときは、中間決定をすることができます（家事80①）。

第3節 家事審判に関する手続

　家事審判に関する手続には、大きく分けて、家事審判事件一般に共通のものと、個別の家事審判事件に特有のものがあります。また、審判または審判以外の裁判に対する不服申立て、審判前の保全処分の手続等も含まれます。これらの中には、家事調停事件における審判の手続として行われるものもあります。
　本節では、おもに家事審判事件一般に共通の手続を説明します。

I　参与員の意見の聴取

　家庭裁判所は、審判に関し、原則として、各事件につき1人以上の参与員の意見を聴くことになっています（家事40）。参与員は、民間の有識者から選ばれる者で、家庭裁判所の判断で、家事審判の手続の期日に立ち会うことや、申立人から提出された資料の内容について申立人から説明を聴くことが認められています[4]。

4　後者については、家事事件手続法別表第2に掲げる事項についての審判事件を除きます。

Ⅱ 当事者等の手続への参加

1 当事者参加

　審判の当事者となる資格を有する者は、家事審判の手続に参加することができます（家事41①）。また、家庭裁判所は、相当と認めるときは、当事者の申立てにより、または職権で、他の当事者となる資格を有する者で審判を受ける者となるべき者を、家事審判の手続に参加させることができます（家事41②）。

　自らが当事者として参加する旨の申出を却下する裁判に対しては、1週間の不変期間内に、即時抗告をすることができます（家事41④、101①）。

2 利害関係参加

　表4-2に掲げる者は、審判の結果について利害関係を有する者として、家事審判の手続に参加することができます（家事42①②）。

表4-2　利害関係参加人

1	審判を受ける者となるべき者（注）
2	1に掲げる者以外の者で審判の結果により直接の影響を受けるもののうち、家庭裁判所の許可を得たもの
3	1に掲げる者以外の者で当事者となる資格を有するもののうち、家庭裁判所の許可を得たもの

（注）　例えば、後見開始の審判にあっては、成年被後見人となるべき者が該当する。

　利害関係参加の申出を却下する裁判に対しては、1週間の不変期間内に、即時抗告をすることができます（家事42⑥、101①）。

　利害関係参加人は、一部を除き、当事者がすることができる手続行為を自らすることができます（家事42⑦）。

Ⅲ 家事審判事件の手続の受継

1 受継資格者による必要的受継

　当事者が死亡、資格の喪失等の事由によって家事審判の手続を続行することができないときは、受継資格者[5]は、申立てにより、手続を受け継がなければなりません（家事44①）。一方、家庭裁判所は、他の当事者の申立てにより、または職権で、受継資格者に手続を受け継がせることができます（家事44③）。

　受継資格者は、受継の申立てが却下されたときは、1週間の不変期間内に、即時抗告をすることができます（家事44②、101①）。

2 他の申立権者による任意的受継

　家事審判の申立人が死亡、資格の喪失等の事由によってその手続を続行することができない場合において、受継資格者がないときは、当該家事審判の申立てをすることができる者は、手続を受け継ぐことができます（家事45①）。

　一方、家庭裁判所は、家事審判の申立人が死亡、資格の喪失等の事由によってその手続を続行することができない場合において、受継資格者がないときは、必要に応じ、職権で、当該家事審判の申立てをすることができる者に、手続を受け継がせることができます（家事45②）。

3 受継資格者がない場合の届出

　家事審判の申立人に死亡、資格の喪失等の家事審判の手続を続行することができない事由が生じた場合において、受継資格者がないときは、当該申立

---

[5] 本書において、法令により手続を続行する資格のある者のことをいうものとします。具体的には、死亡した当事者の相続人（民896）等が挙げられます。

人またはその手続代理人[6]は、その事由が生じた旨を家庭裁判所に書面で届け出なければなりません（家事規30）。

Ⅳ 呼出しを受けた者の出頭義務

　家庭裁判所は、家事審判の手続の期日に、事件の関係人を呼び出すことができます（家事51①）。
　期日の呼出しを受けた事件の関係人は、原則として、その期日に自ら出頭しなければなりませんが、やむをえない事由があるときは、代理人を出頭させることもできます（家事51②）[7]。

Ⅴ 電話会議システムの利用等

　家庭裁判所は、当事者が遠隔の地に居住している等の事情を踏まえ、相当と認めるときは、当事者の意見を聴いて、家事審判の手続の期日における手続のうち証拠調べ以外のものを、電話会議システムやテレビ会議システムを利用して行うことができます（家事54①）。これらのシステムを利用して、家事審判の手続の期日における手続に関与した者は、実際には出頭していなくても、その期日に出頭したものとみなされます（家事54②）。
　なお、家事審判の手続の期日における写真の撮影、速記、録音、録画または放送は、裁判長の許可を得なければ、することができません（家事規33、民訴規77）。

6　「手続代理人」とは、自己の名で、他人のために手続行為をする任意代理人のことをいいます（家事22～26）。手続代理人となることができる者の資格、代理権の範囲等、詳細は後述します。
7　期日の呼出しを受けた事件の関係人が正当な理由なく出頭しないときは、5万円以下の過料に処せられます（家事51③）。

Ⅵ 事実の調査及び証拠調べ

1 職権探知主義

　家庭裁判所は、職権で事実の調査をするほか、申立てにより、または職権で、必要と認める証拠調べをします（家事56①）。
　事実の調査は、必要に応じ、事件の関係人の性格、経歴、生活状況、財産状態及び家庭環境等について、医学、心理学、社会学、経済学その他の専門的知識を活用して行うよう努めるものとされています（家事規44①）。また、事実の調査が行われたときは、その要旨が記録上明らかにされます（家事規44②）。
　一方、当事者は、適切かつ迅速な審理及び審判の実現のため、事実の調査及び証拠調べに協力するものとされています（家事56②）。

2 家庭裁判所調査官の役割

　家庭裁判所は、家庭裁判所調査官に事実の調査をさせることができます（家事58①）。急迫の事情があるときは、裁判長にも同様の権限が認められます（家事58②）。家庭裁判所調査官は、調査の結果を書面または口頭で家庭裁判所に報告します（家事58③）。家庭裁判所調査官は、この報告に意見を付すことができます（家事58④）。
　また、家庭裁判所は、必要に応じ、家事審判の手続の期日に家庭裁判所調査官を立ち会わせたり、その家庭裁判所調査官に意見を述べさせたりすることができます（家事59①②）。さらに、家事審判事件の処理に関し、事件の関係人の家庭環境等を調整するため必要があると認めるときは、家庭裁判所調査官に社会福祉機関との連絡等の措置をとらせることもできます（家事59③）。急迫の事情があるときは、裁判長の判断でこの措置をとらせることもできます（家事59④）。

3 医師である裁判所技官による診断等

　家庭裁判所は、必要に応じ、医師である裁判所技官に、事件の関係人の心身の状況を診断させることができます（家事60①）。

　急迫の事情がある場合の裁判長の権限及び家庭裁判所に対する報告については、家庭裁判所調査官と同様の規律が及びます（家事60②、58②～④）。また、医師である裁判所技官も、家庭裁判所の判断により、期日に立ち会い、意見を陳述することができます（家事60②、59①②）。

4 事実の調査の嘱託等

　家庭裁判所は、他の家庭裁判所または簡易裁判所に事実の調査を嘱託することができます（家事61①）。

　また、家庭裁判所は、必要な調査を官庁、公署その他適当と認める者に嘱託し、または銀行、信託会社、関係人の使用者等に対し、関係人の預金、信託財産、収入その他の事項に関して必要な報告を求めることができます（家事62）。

5 証拠調べ

　家事審判の手続における証拠調べについては、原則として、一般の民事訴訟手続と同様の規律が及びます（家事64①）。

　なお、家庭裁判所は、当事者本人を尋問する場合には、その当事者に対し、家事審判の手続の期日に出頭することを命ずることができます（家事64⑤）。出頭を命じられた当事者が正当な理由なく出頭しないときは、これによって生じた手続費用の負担を命じられたり、罰金または拘留に処せられたり、勾引されたりすることがあります（家事64⑥、民訴192～194）。出頭した当事者が正当な理由なく宣誓や陳述を拒んだときは、過料に処せられることがあります（家事64⑥、民訴209①）。

Ⅶ 子の意思の把握等

　家庭裁判所は、親子、親権または未成年後見に関する家事審判等の、未成年の子がその結果により影響を受ける家事審判の手続においては、子の陳述の聴取、家庭裁判所調査官による調査等、適切な方法により子の意思を把握するように努め、審判をするにあたり、子の年齢及び発達の程度に応じて、その意思を考慮しなければならないものとされています（家事65）。

Ⅷ 家事審判事件の終了

1 審判の確定

　家事審判事件は、申立てのあった事項についての審判が確定したときは、終了します。
　家庭裁判所は、家事審判事件が裁判をするのに熟したときに、審判をします（家事73①）。ただし、事件の一部が裁判をするのに熟したときはその一部について、手続の併合を命じた数個の事件のいずれか1個が裁判をするのに熟したときはその1個の事件について、個別に審判をすることもできます（家事73②）。

2 事件本人[8]の死亡等

　例えば、後見開始の審判事件は、その審判により成年被後見人となるべき者が審判前に死亡したときは、当然に終了します。

---

[8] 「事件本人」とは、本書においては、後見開始の審判における成年被後見人となるべき者等、審判を受ける者となるべき者、すなわち、申立てを却下する審判以外の審判がされた場合において、その審判を受ける者となる者（家事10①一）のことをいいます。

一方、仮に家事審判の申立てをした者が死亡したとしても、受継資格者または他の申立人となるべき者による受継の余地があるという意味において、手続は当然には終了しません。

3　申立ての取下げ

　家事審判の申立ては、原則として、「審判があるまで」、その全部または一部を取り下げることができます（家事82①）。取下げは、家事審判の手続の期日においてする場合を除き、書面でしなければなりません（家事82⑤、民訴261③）。

【記載例】取下書

```
平成○年（家）第○○○号○○審判事件
申立人　○○

　　　　　　　　　　　取　下　書

　　◇◇家庭裁判所　御中

　　　　　　　　　　　　　　　　　　　平成○年○月○日
　　　　　　　　　　　　　　　　　　　　申立人　住所
　　　　　　　　　　　　　　　　　　　　　　　　○○　　㊞

　頭書事件につき、申立ての全部を取り下げます。
```

　一方、家事事件手続法別表第2に掲げる事項についての家事審判は、「審判が確定するまで」、その全部または一部を取り下げることができます（家事82②）。ただし、審判がされた後の取下げについては、相手方の同意がなければその効力を生じません。

　なお、家事審判の申立人[9]が、連続して2回、呼出しを受けた家事審判の手続の期日に出頭せず、または呼出しを受けた家事審判の手続の期日におい

---

[9] 審判前の申立ての取下げについて相手方の同意を要する場合（家事153、199）には、「当事者双方」となります。

て陳述をしないで退席をしたときは、家庭裁判所は、申立ての取下げがあったものとみなすことができます（家事83）。

Ⅸ 付調停

　調停を行うことができる事件（家事244）についての家事審判事件が係属している場合には[10]、裁判所は、当事者の意見を聴いて[11]、いつでも、職権で事件を家事調停に付すことができます（家事274①）。

　事件を調停に付した後、調停が成立したときは、家事審判事件は終了します。

　なお、事件を調停に付すときは、原則として、管轄権を有する家庭裁判所に処理させるものとされています（家事274②）。もっとも、家庭裁判所及び高等裁判所については、いわゆる「自庁処理」が認められています（家事274③）[12]。

Ⅹ 戸籍通知等

　家事事件手続法別表第1に掲げる事項についての審判またはこれに代わる裁判（家事91②）のうち、次頁の表4−3、4−4に掲げるものがその効力を生じた場合には、裁判所書記官は、遅滞なく、戸籍事務管掌者に対し戸籍の記載を嘱託し、または登記所に対し後見登記法に定める登記を嘱託します（家事116一、家事規76①、77①③）。

---

[10] 調停を行うことができる事件についての訴訟が係属している場合も、同様の取扱いが認められます。
[11] 本案について相手方が陳述する前は、申立人の意見を聴けばよいことになっています。
[12] 高等裁判所が家事調停の手続を行う場合の規律については、後述します。

表4-3　戸籍通知がされる審判（またはこれに代わる裁判）

1	親権喪失、親権停止または管理権喪失の審判
2	未成年後見人または未成年後見監督人の選任の審判
3	未成年後見人または未成年後見監督人の辞任についての許可の審判
4	未成年後見人または未成年後見監督人の解任の審判
5	未成年後見人または未成年後見監督人の権限の行使についての定め及びその取消しの審判
6	性別の取扱いの変更の審判

表4-4　後見登記法に定める登記の嘱託がされる審判（またはこれに代わる裁判）

1	後見開始、保佐開始または補助開始の審判及びその取消しの審判
2	成年後見人等（注1）の選任の審判
3	任意後見契約の効力を発生させるための任意後見監督人の選任の審判並びに任意後見監督人が欠けた場合及び任意後見監督人を更に選任する場合における任意後見監督人の選任の審判
4	成年後見人等または任意後見監督人の辞任についての許可の審判
5	成年後見人等、任意後見監督人または任意後見人の解任の審判
6	成年後見人等または任意後見監督人の権限の行使についての定め及びその取消しの審判
7	保佐人または補助人の同意を得なければならない行為の定めの審判及びその取消しの審判
8	保佐人または補助人に対する代理権の付与の審判及びその取消しの審判
9	後見開始、保佐開始または補助開始の審判が効力を生じたことにより終了する任意後見契約（任意後見10③）があるとき（注2）

（注1）　本表において、成年後見人、成年後見監督人、保佐人、保佐監督人、補助人または補助監督人のことをいう。
（注2）　この場合、裁判所書記官は、登記所に対し、遅滞なく、任意後見契約が終了した旨の登記（後見登記8②③）を嘱託する。

第4節 家事調停に関する手続

　家庭裁判所は、家事事件手続法別表第1に掲げる事項についての事件を除き、人事に関する訴訟事件等、家庭に関する事件について、調停を行います。
　また、必要があれば、表4-5に掲げる審判をします。

表4-5　家事調停の手続の一環としての審判

1	家事調停の申立てを不適法として却下する審判（家事255③）
2	合意に相当する審判（家事277）
3	合意に相当する審判に対する異議の申立てを却下する審判（家事280②）
4	調停に代わる審判（家事284①）
5	調停に代わる審判に対する異議の申立てを却下する審判（家事286④）

I　調停の効力

　調停において当事者間に合意が成立し、これを調書に記載したときは、調停が成立したものとし、その記載は、確定判決と同一の効力を有します（家事268①）[13]。もっとも、家事事件手続法別表第2に掲げる事項について調停が成立したときは、その調書の記載は、当該事項についての審判（家事39）が確定した場合と同一の効力（家事75等）を有することになります。

II 戸籍通知

　表4-6中A欄に掲げる事項についての調停が成立したときは、裁判所書記官は、遅滞なく、同表中B欄に掲げる者の本籍地の戸籍事務管掌者に対し、その旨を通知します（家事規130②）。

表4-6　調停が成立した場合における戸籍通知

	A欄	B欄
1	離婚、離縁など戸籍の届出または訂正を必要とする事項（2に掲げるものを除く）	調停の対象である身分関係の当事者
2	親権者の指定または変更	子

III 調停機関

　家庭裁判所は、調停委員会で調停を行います（家事247①）。家庭裁判所が相当と認めるときは、裁判官のみで行うことも許されますが、当事者は、調停委員会で調停を行うよう求める申立てをすることができ、家庭裁判所はこの申立てに拘束されます（家事247②）。

　また、高等裁判所においても、付調停（家事274①③）の措置を通じて、家事調停の手続を行うことができます。当事者が調停委員会による調停を求

---

13 「確定判決」とは、一般に、通常の不服申立ての方法（上訴）によってはその内容を覆すことができない状態となった判決のことをいい、原則として、同一の事件について確定判決と矛盾抵触する判決を求めることはできなくなります（既判力。民訴114（人事訴訟の特例について人訴25参照））。また、確定判決は債務名義の1つですが（民執22一）、原則として、強制執行をするには執行文の付与を受けなければなりません（民執25、26）。
　なお、確定判決は、当事者及びこれと同視し得る者に対してのみその効力を有するのが原則ですが（民訴115①）、離婚、離縁の訴え等の人事訴訟における確定判決は、第三者に対してもその効力を有します（対世効。人訴24①）。

めない限り、合議体を構成する裁判官のみで家事調停の手続を行うことも可能です（家事274⑤、247②）[14]。

なお、最高裁判所は、弁護士で5年以上その職にあったものを家事調停官に任命することができ（家事250①）、家事調停官は、家庭裁判所の指定を受けて、家事調停事件を取り扱います（家事251①）。

Ⅳ 家事審判の手続との共通点

表4-7に掲げる事項についての家事審判の手続における規律は、一部を除き、家事調停の手続にもあてはまります（家事258）。

表4-7　家事調停の手続においてもあてはまる家事審判の手続の規律

1	当事者参加、利害関係参加及び手続からの排除（家事41～43）
2	受継資格者による必要的受継（家事44）
3	事件の関係人の呼出し、裁判長の手続指揮権、受命裁判官による手続、電話会議システムまたはテレビ会議システムの利用、通訳人の立会い、陳述の禁止及び弁護士の付添い（家事51～55）
4	事実の調査及び証拠調べ（家事56～62、64）
5	子の意思の把握等（家事65）
6	審判をすべき時期、審判の告知及び効力の発生等、審判の方式及び審判書、更正決定、自由心証主義、変更の審判、審判の脱漏（家事73、74、76、77、79、民訴247、256①、258）
7	審判以外の裁判（家事81）

14　高等裁判所は、原則として、裁判長1名を含む裁判官3名の合議体で事件を取り扱うものとされています（裁18）。

Ⅴ 調停を行う場所

調停委員会は、事件の実情を考慮して、裁判所外の適当な場所で調停を行うことができます（家事265）。

Ⅵ 調停前の処分

調停委員会は、家事調停事件が係属している間、調停のために必要であると認める処分を命ずることができます（家事266①）。この処分を「調停前の処分」といい、急迫の事情があるときは、調停委員会を組織する裁判官も、調停前の処分を命ずることができます（家事266②）[15]。

調停前の処分は執行力を有しませんが、必要な事項を命じられた当事者または利害関係参加人が正当な理由なくこれに従わないときは、10万円以下の過料に処せられます（家事266③④）。

Ⅶ 調停の成立

1 家事調停の手続の期日における当事者間の合意

調停において当事者間に合意が成立し、これを調書に記載したときは、一部の例外（家事277①）を除き、調停が成立し（家事268①）、家事調停事件は終了します。家事調停事件の一部について当事者間に合意が成立したときは、その一部について調停を成立させることもできます（家事268②）。

---

[15] 調停前の処分を命ずる場合には、同時に、その違反に対する法律上の制裁を告知するものとされています（家事規129）。

2 調停条項案の書面による受諾

　当事者が遠隔の地に居住している等の事情により、出頭することが困難であると認められる場合において、その当事者が、あらかじめ調停委員会から書面で提示された調停条項案を受諾する旨の書面を提出し、他の当事者が、家事調停の手続の期日に出頭して当該調停条項案を受諾したときは、当事者間に合意が成立したものとみなされます（家事270①、家事規131①）。ただし、離婚または離縁についての調停事件については、この制度は適用されません。
　なお、調停委員会は、調停条項案を受諾する旨の書面を提出した当事者の真意を確認します（家事規131②）。

Ⅷ 調停をしない場合

　調停委員会は、事件が性質上調停を行うのに適当でないと認めるとき、または当事者が不当な目的でみだりに調停の申立てをしたと認めるときは、調停をしないものとして、家事調停事件を終了させることができます（家事271）。

Ⅸ 調停の不成立の場合

1 概　　要

　調停委員会は、家庭裁判所が調停に代わる審判（家事284①）をしたときを除き、当事者間に合意が成立する見込みがない場合または成立した合意が相当でないと認める場合には、調停が成立しないものとして、家事調停事件を終了させることができます（家事272①）。

2 訴えの提起があったものとみなされる場合

当事者が、調停の不成立による家事調停事件の終了の通知を受けた日から2週間以内に、当該事件について訴えを提起したときは、家事調停の申立ての時に、その訴えの提起があったものとみなされます（家事272③)[16]。

3 家事審判の申立てがあったものとみなされる場合

調停の不成立により、家事事件手続法別表第2に掲げる事項についての調停事件が終了した場合には、家事調停の申立ての時に、当該事項についての家事審判の申立てがあったものとみなされます（家事272④）。

X 家事調停の申立ての取下げ

家事調停の申立ては、家事調停事件が終了するまで、その全部または一部を取り下げることができます（家事273①）。ただし、調停に代わる審判（家事284）がされた後の取下げは許されず（家事285①）、合意に相当する審判（家事277）がされた後の取下げは、相手方の同意を得なければ、その効力を生じません（家事278）。

取下げは、書面でするのが原則ですが、家事調停の手続の期日においては、口頭ですることもできます（家事273②、民訴261③）。

---

[16] 民法上、家事調停の申立ては、相手方が出頭せず、または調停が成立しないときは、1か月以内に訴えを提起しないと、時効の中断の効力を生じません（民151）。

XI 合意に相当する審判

1 適合要件等

　人事に関する訴え（人訴2）を提起することができる事項であって、離婚または離縁以外のもの[17]についての家事調停の手続において、表4-8に掲げる要件をすべて満たす場合には、家庭裁判所は、必要な事実を調査したうえで、当事者の合意を正当と認めるときは、対象となる身分関係の当事者の一方が死亡した後を除き、当該合意に相当する審判をすることができます（家事277①②）。

表4-8　合意に相当する審判の適合要件

1	電話会議システムを利用する方法（家事258①、54①）または調停条項案の書面による受諾の方法（家事270①）によらないで、当事者間に、申立ての趣旨のとおりの審判を受けることについて合意が成立していること
2	当事者双方が、申立てにかかわる無効、取消しの原因や、身分関係の形成または存否の原因について争わないこと

　家庭裁判所が当事者間の合意を正当と認めないときは、調停の不成立の場合と同様に、家事調停事件は終了し、その旨が当事者に通知されます（家事277④、272②）。当事者がこの通知を受けた時から2週間以内に家事調停の申立てがあった事件について訴えを提起したときは、その申立ての時に、その訴えの提起があったものとみなされます（家事277④、272③）。

17　具体的には、①婚姻または協議離婚の無効・取消し、婚姻関係の存否の確認、②嫡出否認、認知またはその無効・取消し、嫡出推定が重複する場合の父の決定、実親子関係の存否の確認、③養子縁組または協議離縁の無効・取消し、養親子関係の存否の確認があります。これらの事項は、当事者間に争いがないときであっても、その合意のみで解決することが本来許されないものであるため、審判による処理が必要とされているわけです。

2　効力等

　適法な異議の申立て（家事279①）がないとき、または異議の申立てを却下する審判が確定したときは、合意に相当する審判は、確定判決と同一の効力を有します（家事281）。

　なお、婚姻の取消しについての家事調停の手続において、婚姻の取消しについての合意に相当する審判をするときは、この合意に相当する審判において、当事者間の合意に基づき、子の親権者を指定しなければならず、子の親権者の指定について当事者間に合意が成立しないときや、成立した合意が相当でないと認めるときは、合意に相当する審判をすることはできません（家事282）。

3　戸籍通知

　合意に相当する審判に対し適法な異議の申立てがないとき、またはその申立てを却下する審判が確定したときは、裁判所書記官は、遅滞なく、当該審判の対象である身分関係の当事者の本籍地の戸籍事務管掌者に対し、その旨を通知します（家事規134）。

4　異議の申立て

　当事者[18]及び利害関係人は、合意に相当する審判に対し、2週間の不変期間内に、家庭裁判所に異議の申立てをすることができます（家事279①②）。

　家庭裁判所は、当事者または利害関係人がした異議の申立てが不適法であるときや、当事者がした異議の申立てに理由がないと認めるときは、それらの申立てを却下します（家事280①）。異議の申立人は、異議の申立てを却下する審判に対し、即時抗告をすることができます（家事280②）。

18　当事者は、合意に相当する審判をすることができる要件（家事277①）を満たさないことを理由とする場合に限り、異議の申立てをすることが許されます。

家庭裁判所は、当事者から適法な異議の申立てがあった場合において、異議の申立てを理由があると認めるときは、合意に相当する審判を取り消します（家事280③）。一方、利害関係人から適法な異議の申立てがあったときは、合意に相当する審判は当然にその効力を失います（家事280④）。

　当事者が、合意に相当する審判が失効した旨の通知を受けた日から2週間以内に、家事調停の申立てがあった事件について訴えを提起したときは、家事調停の申立ての時に、その訴えの提起があったものとみなされます（家事280⑤）。

　なお、合意に相当する審判に対し異議の申立てをする権利は、放棄することができます（家事279④）。

XII 調停に代わる審判

1 適合要件等

　家庭裁判所は、合意に相当する審判をすべき事項（家事277①）について家事調停の手続を行っている場合を除き、調停が成立しない場合において相当と認めるときは、当事者双方のために衡平に考慮し、一切の事情を考慮して、職権で、事件の解決のため必要な審判をすることができます（家事284①）。これを「調停に代わる審判」といいます。ただし、公示送達の方法によらないで審判の告知をすることができない場合には、調停に代わる審判をすることは許されず（家事285②）、審判の告知をすることができないときは、家庭裁判所は、調停に代わる審判を取り消さなければなりません（家事285③）。

　なお、調停委員会が行う家事調停の手続の中で調停に代わる審判をするときは、家庭裁判所は、その調停委員会を組織する家事調停委員の意見を聴くことになっています（家事284②）。

2 効　力　等

　適法な異議の申立てがないとき、または異議の申立てを却下する審判が確定したときは、家事事件手続法別表第2に掲げる事項についての調停に代わる審判は当該事項についての審判（家事39）が確定した場合における当該審判と同一の効力を、それ以外の調停に代わる審判は確定判決と同一の効力を有します（家事287）。

　また、家庭裁判所は、調停に代わる審判の内容として、当事者に対し、子の引渡し、金銭の支払い等の給付を命ずることができます（家事284③）。

3 戸 籍 通 知

　表4-9中A欄に掲げる事項についての調停に代わる審判について、適法な異議の申立てがないとき、または異議の申立てを却下する審判が確定したときは、裁判所書記官は、遅滞なく、同表中B欄に掲げる者の本籍地の戸籍事務管掌者に対し、その旨を通知します（家事規136）。

表4-9　調停に代わる審判がされた場合における戸籍通知

	A欄	B欄
1	離婚、離縁等、戸籍の届出または訂正を必要とする事項（2に掲げるものを除く）	審判の対象である身分関係の当事者
2	親権者の指定または変更	子

4 異議の申立て等

　当事者は、調停に代わる審判に対し、2週間の不変期間内に、家庭裁判所に異議の申立てをすることができます（家事286①②、279②）。適法な異議の申立てがあったときは、調停に代わる審判は、その効力を失います（家事286

⑤)。

　当事者が、調停に代わる審判が失効した旨の通知を受けた日から2週間以内に、家事調停の申立てがあった事件について訴えを提起したときは、家事調停の申立ての時に、その訴えの提起があったものとみなされます（家事286⑥）。ただし、家事事件手続法別表第2に掲げる事項についての調停に代わる審判が失効した場合には、家事調停の申立ての時に、当該事項についての家事審判の申立てがあったものとみなされます（家事286⑦）。

　家庭裁判所は、不適法な異議の申立てを却下しますが、その申立人は、異議の申立てを却下する審判に対し、即時抗告をすることができます（家事286③④）。

5　調停に代わる審判に服する旨の共同の申出

　当事者が、書面で、申立てをした家事調停の手続において調停に代わる審判に服する旨の共同の申出をしたときは、当該審判に対する異議の申立ては認められません（家事286⑧⑨）。ただし、離婚または離縁についての家事調停の手続において共同の申出があった場合を除きます。

　なお、当事者は、調停に代わる審判の告知前に限り、共同の申出を撤回することができます（家事286⑩）。相手方の同意を得る必要はありません。

第5節　申立ての方式

Ⅰ　当事者及び代理人

1　当事者能力

　家事事件手続法において、家事事件の当事者となることができる者の資格を「当事者能力」といいます。

　ある者が当事者能力を有するか否かは、民法、民事訴訟法等の法令に従って判断されます（家事17①、民訴28）。未成年者、成年被後見人等の個人のほか、会社等の法人も当事者能力を有します。

　また、いわゆる「権利能力なき社団・財団」も、家事事件の当事者となることができます（家事17①、民訴29）。ただし、裁判所は、権利能力なき社団・財団に対し、当事者能力を判断するために必要な定款等の資料を提出させることができます（家事規15、民訴規14）。

　一方、死亡した者や動物は、当事者能力を有しません。

2　手続行為能力

(1)　概　　要

　家事事件手続法において、家事事件にかかわる手続上の行為を「手続行為」といい[19]、手続行為をすることができる能力を「手続行為能力」といいます。

　家事事件手続を追行する者が手続行為能力を欠くときは、裁判所は、期間

を定めて補正を命じます（家事17①、民訴34①）。手続行為能力を欠く者がした手続行為は、原則として無効とされますが、手続行為能力を有することとなった当事者、または法定代理人が追認したときは、行為の時に遡ってその効力を生じます（家事17①、民訴34②）。もっとも、手続の遅滞のため損害を生じるおそれがあるときは、裁判所は、一時的に、手続行為能力を欠く者に手続行為をさせることができます。

（2） 未成年者の手続行為能力に関する規律

　未成年者は、原則として、手続行為能力を有しないものとされています（家事17①、民訴31）。ただし、未成年者が独立して法律行為をすることができる場合には、自ら手続行為をすることができます。

（3） 成年被後見人の手続行為能力に関する規律

　成年被後見人は、原則として、手続行為能力を有しないものとされています（家事17①、民訴31）。ただし、以下の審判事件または調停事件においては、自ら手続行為をすることができます。

①　審　判　事　件

　表4-10に掲げる審判事件においては、成年被後見人及び成年被後見人となるべき者は、自ら手続行為をすることができます（家事118）。

表4-10　成年被後見人及び成年被後見人となるべき者が手続行為能力を有する審判事件

1	後見開始の審判事件
2	後見開始の審判の取消しの審判事件
3	成年後見人の選任の審判事件
4	成年後見人の解任の審判事件
5	成年後見監督人の選任の審判事件
6	成年後見監督人の解任の審判事件

19　例えば、証拠調べの手続において証人として尋問を受けることや、家庭裁判所による事実の調査としての家庭裁判所調査官による聴取に応じることは、ここでいう手続行為ではありません。

7	成年被後見人に関する特別代理人の選任の審判事件
8	成年後見の事務の監督の審判事件
9	第三者が成年被後見人に与えた財産の管理に関する処分の審判事件
10	1、4または6を本案とする保全処分についての審判事件

　また、表4-11中A欄に掲げる審判事件においては、同表中B欄に掲げる者は、成年被後見人であっても[20]、自ら手続行為をすることができます（家事148②、149②、151、159②、160②、161②、162②、164②、165②、168、177、188②、201④、218、227、232②、235、240③、118）。

表4-11　成年被後見人であっても手続行為をすることができる審判事件

	A欄	B欄
1	失踪の宣告の審判事件	不在者
2	失踪の宣告の取消しの審判事件	失踪者
3	ア　夫婦間の協力扶助に関する処分の審判事件	夫、妻
	イ　アを本案とする保全処分についての審判事件。ただし、財産上の給付を求める審判事件は除く。	
4	ア　子の監護に関する処分の審判事件	子
	イ　アを本案とする保全処分についての審判事件。ただし、財産上の給付を求める審判事件は除く。	
5	嫡出否認の訴えの特別代理人の選任の審判事件	夫
6	子の氏の変更についての許可の審判事件	15歳以上の子
7	養子縁組をするについての許可の審判事件	養子となるべき15歳以上の者、養親となるべき者

20　未成年後見人及び未成年後見監督人が後見開始、保佐開始及び補助開始の審判の申立人に含まれており（民7、10、11、15）、法文上は、未成年者がこれらの審判を受けることも想定されているといえます。

8	死後離縁をするについての許可の審判事件	養親、15歳以上の養子
9	ア　特別養子縁組の成立の審判事件	養親となるべき者、養子となるべき者の父母
	イ　アを本案とする保全処分についての審判事件	
10	ア　特別養子縁組の離縁の審判事件	養親、養子、養子の実父母
	イ　アを本案とする保全処分についての審判事件	
11	ア　子に関する特別代理人の選任の審判事件	子
	イ　第三者が子に与えた財産の管理に関する処分の審判事件	
12	ア　親権喪失、親権停止または管理権喪失の審判事件	子、父母
	イ　アを本案とする保全処分についての審判事件	
	ウ　親権喪失、親権停止または管理権喪失の審判の取消しの審判事件	
	エ　親権または管理権を辞し、または回復するについての許可の審判事件	
	オ　親権者の指定または変更の審判事件	
	カ　オを本案とする保全処分についての審判事件	
13	養子の離縁後に親権者となるべき者の指定の審判事件	養子、実父母、養親
14	養子の離縁後に未成年後見人となるべき者の選任の審判事件	養子、養親
15	ア　未成年後見人の選任の審判事件	未成年被後見人
	イ　未成年後見人の解任の審判事件	
	ウ　イを本案とする保全処分についての審判事件	
	エ　未成年後見監督人の選任の審判事件	
	オ　未成年後見監督人の解任の審判事件	
	カ　オを本案とする保全処分についての審判事件	

	キ　未成年被後見人に関する特別代理人の選任の審判事件	
	ク　未成年後見の事務の監督の審判事件	
	ケ　第三者が未成年被後見人に与えた財産の管理に関する処分の審判事件	
16	ア　推定相続人の廃除の審判事件	被相続人
	イ　推定相続人の廃除の審判の取消しの審判事件	
17	限定承認または相続の放棄の取消しの申述の受理の審判事件	限定承認または相続の放棄の取消しをすることができる者
18	任意後見契約の効力を発生させるための任意後見監督人の選任の審判事件	本人
19	戸籍法に規定する審判事件（家事別表第1百二十二～百二十五）	申立てをすることができる者（注）
20	性同一性障害特例法に基づく性別の取扱いの変更の審判事件	申立人
21	ア　児童福祉法に基づく都道府県の措置についての承認の審判事件	児童を現に監護する者、児童に対し親権を行う者、児童の未成年後見人、児童
	イ　アを本案とする保全処分についての審判事件	
	ウ　児童福祉法に基づく都道府県の措置の期間の更新についての承認の審判事件	
22	生活保護法に基づく施設への入所等についての許可の審判事件	被保護者、被保護者に対し親権を行う者、被保護者の後見人

（注）　戸籍事件についての市町村長の処分に対する不服の審判事件においては、当該処分を受けた届出その他の行為を自らすることができる場合に限る。

②　調停事件

　表4-12中A欄に掲げる調停事件においては、同表B欄に掲げる者は、成年被後見人であっても、自ら手続行為をすることができます（家事252①）。

第5節　申立ての方式　155

表4-12　成年被後見人であっても手続行為をすることができる調停事件

	A欄	B欄
1	夫婦間の協力扶助に関する処分の調停事件。ただし、財産上の給付を求める調停事件は除く。	夫、妻
2	子の監護に関する処分の調停事件。ただし、財産上の給付を求める調停事件は除く。	子
3	養子の離縁後に親権者となるべき者の指定の調停事件	養子、実父母、養親
4	親権者の指定または変更の調停事件	子、実父母
5	人事に関する訴え（人訴2）を提起することができる事項についての調停事件	人事訴訟法13条1項の規定が適用されることにより訴訟行為をすることができることとなる者

（4）　被保佐人の手続行為に関する規律

　被保佐人は、原則として、保佐人または保佐監督人の同意を得なければ、手続行為をすることができないものとされています（家事17①、民訴28、民13①四）。ただし、表4-13に掲げる審判事件においては、保佐人または保佐監督人の同意を得ないで、手続行為をすることができます（家事118、129）。

表4-13　被保佐人及び被保佐人となるべき者が単独で手続行為をすることができる審判事件

1	表4-10に掲げる審判事件（被保佐人に限る）
2	保佐開始の審判事件
3	保佐人の同意を得なければならない行為の定めの審判事件
4	保佐人の同意に代わる許可の審判事件
5	保佐開始の審判の取消しの審判事件

6	保佐人の同意を得なければならない行為の定めの審判の取消しの審判事件
7	保佐人の選任の審判事件
8	保佐人の解任の審判事件
9	保佐監督人の選任の審判事件
10	保佐監督人の解任の審判事件
11	保佐人に対する代理権の付与の審判事件
12	保佐人に対する代理権の付与の審判の取消しの審判事件
13	保佐の事務の監督の審判事件
14	2、8または10を本案とする保全処分についての審判事件

　また、表4-11中A欄に掲げる審判事件及び表4-12中A欄に掲げる調停事件においては、各表中B欄に掲げる者は、被保佐人であっても、保佐人または保佐監督人の同意を得ないで、手続行為をすることができます。

　一方、被保佐人が表4-14に掲げる手続行為をするには、保佐人または保佐監督人の特別の授権が必要です（家事17③）。もっとも、他の者がした家事審判、家事調停の申立てまたは抗告について手続行為をする場合や、裁判所が職権で開始した手続に関しては、特別の授権は不要とされています（家事17②）。

表4-14　被保佐人が特別の授権を受けなければならない手続行為

1	家事審判または家事調停の申立ての取下げ
2	調停を成立させる合意（家事268①）（注）
3	申立ての趣旨のとおりの審判を受ける旨の合意（家事277①一）（注）
4	調停条項案の書面による受諾（家事270①）（注）
5	調停に代わる審判に服する旨の共同の申出（家事286⑧）（注）
6	ア　審判に対する即時抗告、特別抗告（家事94①）または許可抗告の申立て（家

第5節　申立ての方式

	事97②）の取下げ
	イ　家事調停の手続においてされた裁判に対する即時抗告、特別抗告または許可抗告の申立ての取下げ（家事288）
7	合意に相当する審判または調停に代わる審判に対する異議（家事279①、286①）の取下げ

（注）　家事調停の申立て等の家事調停の手続の追行について同意等の授権を得ている場合を除く。

（5）　被補助人の手続行為能力に関する規律

　被補助人は、原則として、手続行為能力を有しますが、手続行為をすることについて補助人の同意を要するものとされている被補助人は、補助人または補助監督人の同意を得なければ、手続行為をすることができません（家事17①、民訴28、民17①）。

　しかし、表4-15に掲げる審判事件においては、手続行為をすることについて補助人の同意を要するものとされている被補助人も、補助人または補助監督人の同意を得ないで、手続行為をすることができます（家事118、137）。

表4-15　被補助人及び被補助人となるべき者が単独で手続行為をすることができる審判事件

1	表4-10に掲げる審判事件
2	補助開始の審判事件
3	補助人の同意を得なければならない行為の定めの審判事件
4	補助人の同意に代わる許可の審判事件
5	補助開始の審判の取消しの審判事件
6	補助人の同意を得なければならない行為の定めの審判の取消しの審判事件
7	補助人の選任の審判事件
8	補助人の解任の審判事件
9	補助監督人の選任の審判事件

10	補助監督人の解任の審判事件
11	補助人に対する代理権の付与の審判事件
12	補助人に対する代理権の付与の審判の取消しの審判事件
13	補助の事務の監督の審判事件
14	2、8または10を本案とする保全処分についての審判事件

　また、表4-11中A欄に掲げる審判事件及び表4-12中A欄に掲げる調停事件においては、各表中B欄に掲げる者は、手続行為をすることについて補助人の同意を要するものとされている被補助人であっても、補助人または補助監督人の同意を得ないで、手続行為をすることができます。

　一方、手続行為をすることについて補助人の同意を要するものとされている被補助人が表4-14に掲げる手続行為をするには、補助人または補助監督人の特別の授権が必要です（家事17③）。他の者がした家事審判、家事調停の申立てまたは抗告について手続行為をする場合及び裁判所が職権で開始した手続に関しては、被保佐人の場合と同様の規律に服します（家事17②）。

3　法定代理人

(1)　特別の授権の要否

　法定代理人は、他の者がした家事審判または家事調停の申立てまたは抗告について手続行為をする場合や、裁判所が職権で手続を開始した家事事件において手続行為をする場合には、後見監督人の同意等の授権は必要ありません（家事17②）。

　一方、法定代理人が表4-14に掲げる手続行為をするには、特別の授権が必要です（家事17③）。

　なお、法定代理権及び手続行為をするのに必要な授権は、書面で証明しなければなりません（家事規15、民訴規15）。

（2） 未成年者または成年被後見人の法定代理人についての特則

　親権を行う者または後見人[21]は、未成年者または成年被後見人が自ら手続行為をすることができる場合（家事118、252①）においても、法定代理人として、これらの者のために手続行為をすることができます（家事18）。ただし、家事審判の申立て及び家事調停の申立ては、民法などの法令の規定により親権を行う者または後見人による申立てが可能な場合に限って認められます。

　一方、離婚、離縁の訴え以外の人事に関する訴え（人訴2）を提起することができる事項についての家事調停の申立ては、人事訴訟法等の法令の規定により親権を行う者または後見人が当該訴えを提起することができる場合においても認められます。

（3） 法定代理人としての権限を行使することができない場合

① 親権を行う者及び後見人

　これらの者は、表4-16中A欄に掲げる調停事件においては、同表中B欄に掲げる者に代理して、同表中C欄に掲げる行為をすることができません（家事252②）。

表4-16　親権を行う者及び後見人による代理権の行使が制限される調停事件

	A欄	B欄
1	夫婦間の協力扶助に関する処分の調停事件。 ただし、財産上の給付を求めるものは除く。	夫、妻
2	養子の離縁後に親権者となるべき者の指定の調停事件	養子、父母、養親
3	親権者の指定または変更の調停事件	子、父母

C欄	
ア	調停を成立させる合意（家事268①）
イ	調停条項案の書面による受諾（家事270①）
ウ	調停に代わる審判に服する旨の共同の申出（家事286⑧）

---

[21] 本書において「後見人」とは、特に断らない限り、成年後見人及び未成年後見人を総称するものとします。

② **夫または妻の後見人**

離婚についての調停事件においては、後見人は、その後見を受ける夫または妻に代理して、表4-16中C欄に掲げる行為をすることができません。

③ **養親の後見人等**

離縁についての調停事件においては、養親の後見人、養子に対し親権を行う者及び養子の後見人は、その後見を受ける養親またはその親権に服し、もしくは後見を受ける15歳以上の養子に代理して、表4-16中C欄に掲げる行為をすることができません。

(4) 法定代理権の消滅の通知

家事調停事件及び表4-17に掲げる事項についての審判事件においては、法定代理権の消滅は、本人または代理人から他方の当事者に通知しなければ、その効力を生じません（家事20、別表第2）。

なお、法定代理権の消滅の通知をした者は、その旨を裁判所に書面で届け出る必要があります（家事規16①）。また、家事事件手続法別表第2に掲げる事項についての審判事件と家事調停事件を除く家事事件において、法定代理権が消滅したときは、本人または代理人がその旨を裁判所に書面で届け出ることになります（家事規16②）。

表4-17 法定代理権の消滅の通知を要する事項

1	夫婦間の協力扶助に関する処分（民752）
2	婚姻費用の分担に関する処分（民760）
3	子の監護に関する処分（民766②③、749、771、788）
4	財産の分与に関する処分（民768②、749、771）
5	離婚等の場合における祭具等の所有権の承継者の指定（民769②、749、751②、771）
6	離縁等の場合における祭具等の所有権の承継者の指定（民808②、817、769②）
7	養子の離縁後に親権者となるべき者の指定（民811④）
8	親権者の指定または変更（民819⑤⑥、749）

9	扶養の順位の決定及びその決定の変更または取消し（民878、880）
10	扶養の程度・方法についての決定及びその決定の変更または取消し（民879、880）
11	相続の場合における祭具等の所有権の承継者の指定（民897②）
12	遺産の分割（民907②）
13	遺産の分割の禁止（民907③）
14	寄与分を定める処分（民904の2②）
15	請求すべき按分割合に関する処分（厚年78の2②、国公共済93の5②、私学共済25、地公共済105②）
16	扶養義務者の負担すべき費用額の確定（生保77②、ハンセン病問題の解決の促進に関する法律（平20法律82）21②）

（5） 法人等の代表者または管理人

　法人の代表者及びいわゆる「権利能力なき社団・財団」の代表者または管理人は、家事事件手続法及び家事事件手続規則に定める法定代理及び法定代理人に関する規律に服します（家事21、家事規17）。

4　特別代理人

　裁判長は、未成年者または成年被後見人について、法定代理人がない場合または法定代理人が代理権を行使できない場合において、手続の遅滞により損害が生じるおそれがあるときは、利害関係人の申立てにより、または職権で、疎明に基づき特別代理人を選任することができます（家事19①②）。

　もっとも、特別代理人が手続行為をするには、後見人の場合と同一の授権が必要です（家事19④）。この授権は、書面で証明しなければなりません（家事規15、民訴規15）。

　なお、特別代理人の選任の申立てを却下する裁判に対しては、1週間の不変期間内に、即時抗告をすることができます（家事19⑤、101①）。一方、家庭裁判所は、いつでも特別代理人を改任することができます（家事19③）。

5 手続代理人

(1) 資　　格

　家事事件手続法において、当事者から包括的な、または個別具体的な事件を処理するための代理権を授与され、当事者に代理して手続行為を追行する者を「手続代理人」といいます。

　手続代理人の権限は、書面で証明しなければなりません（家事規18①）。この書面が私文書であるときは、裁判所は、公証人等、認証の権限を有する公務員の認証を受けるべきことを手続代理人に命ずることができます（家事規18②）。

　会社の支配人（会社法11①）等、法令により裁判上の行為をすることができる代理人のほか、弁護士でなければ手続代理人となることはできません（家事22①）。

　なお、家庭裁判所においては、その許可を得て、弁護士ではない者を手続代理人とすることもできます。ただし、家庭裁判所は、いつでもこの許可を取り消すことができます（家事22②）。

(2) 手続代理人を付すべき場合

　手続行為に関し行為能力の制限を受けた者が手続行為をしようとする場合（家事118、252①）には、裁判長は、必要に応じ、申立てにより、弁護士を手続代理人に選任することができます（家事23①）。当事者が手続代理人の選任の申立てをしない場合においても、裁判長は、弁護士を手続代理人に選任すべき旨を命じ、または職権で弁護士を手続代理人に選任することができます（家事23②）。

(3) 代理権の範囲

　手続代理人は、委任を受けた事件について、参加、強制執行及び保全処分に関する行為をし、かつ、弁済を受領することができます（家事24①）。また、手続代理人の代理権は、手続代理人が弁護士でない場合を除き、制限することができません（家事24③）。

　一方、手続代理人は、表4-18に掲げる事項については、特別の委任を受

けることが必要です（家事24②）。

表4-18　手続代理人が特別の委任を受けなければならない事項

1	家事審判または家事調停の申立ての取下げ
2	調停を成立させる合意（家事268①）（注）
3	申立ての趣旨のとおりの審判を受ける旨の合意（家事277①一）（注）
4	調停条項案の書面による受諾（家事270①（注））
5	調停に代わる審判に服する旨の共同の申出（家事286⑧）（注）
6	ア　審判に対する即時抗告、特別抗告（家事94①）または許可抗告の申立て（家事97②） イ　家事調停の手続においてされた裁判に対する即時抗告、特別抗告または許可抗告の申立て（家事288）
7	合意に相当する審判または調停に代わる審判に対する異議（家事279①、286①）
8	6の抗告の申立ての取下げ及び7の異議の取下げ
9	代理人の選任

（注）　家事調停の申立て等の家事調停の手続の追行について受任している場合を除く。

（4）　代理権の消滅の通知

　手続代理人の代理権の消滅は、本人または代理人から通知しなければ、その効力を生じません（家事25）。通知の相手方は、表4-19に掲げるとおりです。

表4-19　手続代理人の代理権が消滅した旨の通知の相手方

	通知が必要となる事件	通知の相手方
1	ア　家事事件手続法別表第2に掲げる事項についての家事審判事件 イ　家事調停事件	他方の当事者（注）
2	1に掲げるもの以外の家事事件	裁判所

（注）　この場合において、他方の当事者に対し代理権の消滅の通知をした者は、その旨を裁判所に書面で届け出なければならない（家事規18③）。

（5） 代理権の不消滅

手続代理人の代理権は、民法の原則（民111）と異なり、表4-20に掲げる事由によっては消滅しません（家事26、民訴58）。

表4-20　手続代理人の代理権が消滅しない事由

1	当事者の死亡または手続行為能力の喪失
2	当事者である法人の合併による消滅
3	当事者である受託者の信託に関する任務の終了
4	法定代理人の死亡、手続行為能力の喪失または代理権の消滅もしくは変更
5	成年被後見人が当事者となる人事に関する訴えにおける成年後見人（人訴14①）等、一定の資格を有する者で自己の名で他人のために訴訟の当事者となるものが、当事者の死亡等により当該資格を喪失したこと

（6） 必要な授権を欠く場合

手続代理人が手続行為をするのに必要な授権を欠くときは、家庭裁判所は、期間を定めて補正を命じます（家事26、民訴34①）。

手続行為をするのに必要な授権を欠く者がした手続行為は、原則として無効とされますが、当事者または法定代理人が追認したときは、行為の時に遡ってその効力を生じます（家事26、民訴34②）。

なお、遅滞のため損害を生じるおそれがあるときは、裁判所は、一時的に、必要な授権を欠く手続代理人に手続行為をさせることができます。

（7） 代理人相互の関係

手続代理人が数人あるときは、各自が独立して当事者を代理します。当事者がこれと異なる定めをしても、その定めは効力を有しません（家事26、民訴56）。

（8） 陳述の訂正等

手続代理人の事実に関する陳述は、当事者が直ちに取り消し、または更正したときは、その効力を生じません（家事26、民訴57）。

6 補佐人

　当事者または手続代理人は、裁判所の許可を得て、補佐人とともに出頭することができます。

　補佐人の陳述は、当事者または手続代理人が直ちに取り消し、または更正しないときは、これらの者が自らしたものとみなされます（家事27、民訴60）。

Ⅱ 調停前置主義

　人事に関する訴訟事件（人訴2）等の家庭に関する事件のうち、家事事件手続法別表第1に掲げる事項についての事件以外のもの（家事244）について訴えを提起しようとする者は、まず、家事調停の申立てをすべきものとされています（家事257①）。

　当事者が家事調停の申立てをしないで訴えを提起した場合には、裁判所は、事件を調停に付すことが相当でないと認めるときを除き、職権で、事件を家事調停に移行させます（家事257②）。

Ⅲ 家事審判の申立て

1 申立書の必要的記載事項及び添付資料

　家事審判の申立ては、原則として、表4-21に掲げる事項を記載し、当事者または代理人が記名押印した申立書を家庭裁判所に提出して行わなければなりません（家事49①②、家事規1、37）。

表4-21　家事審判の申立書の必要的記載事項

1	当事者の氏名または名称及び住所
2	法定代理人を含む代理人の氏名及び住所
3	事件の表示
4	附属書類の表示
5	年月日
6	裁判所の表示
7	申立ての趣旨及び理由（注）
8	事件の実情

（注）　申立てを特定するのに必要な事実をいう（家事規37①）。

　申立ての理由及び事件の実情についての証拠書類があるときは、その写しを添付します（家事規37②）。また、身分関係についての資料等、家事審判の手続の円滑な進行を図るために必要な資料の提出を求められることがあります（家事規37③）。具体的には、戸籍謄本等が考えられます[22]。

　なお、家事事件手続法別表第２に掲げる事項についての家事審判の申立てをするときは、相手方の数と同数の申立書の写しを添付しなければなりません（家事規47）。

2　家事審判の申立書の写しの送付等

　家事事件手続法別表第２に掲げる事項についての家事審判の申立てがあった場合には、家庭裁判所は、申立てが不適法であるとき、または申立てに理由がないことが明らかなときを除き、申立書の写しを相手方に送付します（家事67①）。ただし、家事審判の手続の円滑な進行を妨げるおそれがあると認められるときは、家事審判の申立てがあったことを通知することをもって、

22　このほかにも、例えば、遺産の分割の審判の申立書には、遺産の目録を添付することになっています（家事規102）。

家事審判の申立書の写しの送付に代えることができます。

Ⅳ 家事調停の申立て

1 申立書の必要的記載事項

　家事調停の申立ては、家事審判の申立てをする場合と同様に、原則として、表4-22に掲げる事項を記載し、当事者または代理人が記名押印した申立書を家庭裁判所に提出しなければなりません（家事255①②、家事規1、127、37①）。

表4-22　家事調停の申立書の必要的記載事項

1	当事者の氏名または名称及び住所
2	法定代理人を含む代理人の氏名及び住所
3	事件の表示
4	附属書類の表示
5	年月日
6	裁判所の表示
7	申立ての趣旨及び理由
8	事件の実情

　なお、家事調停の申立書に添付する当該申立書の写しの通数、証拠書類の写しの添付、資料の提出等については、家事審判の申立ての場合と同様の規律が及びます（家事規127、37②③、47）。

2　家事調停の申立書の写しの送付等

　家事調停の申立てがあった場合には、家庭裁判所は、申立てが不適法であるとき、または家事調停の手続の期日を経ないで家事調停事件を終了させるとき（家事271）を除き、家事調停の申立書の写しを相手方に送付します（家事256①）。

　ただし、家事調停の手続の円滑な進行を妨げるおそれがあると認められるときは、家事調停の申立てがあったことを通知することをもって、家事調停の申立書の写しの送付に代えることができます。

第6節　管　　　轄

I　通　　　則

1　職 分 管 轄

　家事事件については、家庭裁判所が裁判を行います（裁31の3①一）[23]。ただし、家庭裁判所がした審判または審判以外の裁判に対し即時抗告があったとき（家事85①、99）は、高等裁判所において、高等裁判所がした裁判に対し特別抗告（家事94①）または許可抗告（家事97）があったときは、最高裁判所において、家事事件についての審理及び裁判が行われることになります（裁7二、16二）。

2　土 地 管 轄

(1) 原　　　則

　各家庭裁判所は、家事事件手続法等の法令の規定により、その管轄区域における家事事件を取り扱います。
　個々の家事事件についての家庭裁判所の管轄権の有無は、一般的には、事件の関係人の住所[24]がいずれの家庭裁判所の管轄区域内にあるかを検討する

---

[23] 調停委員会が家事調停の手続を行う場合においても、その調停委員会が取り扱う家事事件は、法律上の位置づけとしては、当該調停委員会が置かれた家庭裁判所に係属するものと理解されます。
[24] 民法上の住所、すなわち、その人の生活の本拠のことをいいます（民22）。

ことによって判断されます。

(2) 住所がない場合

　家事事件は、管轄が人の住所地により定まる場合において、日本国内にその人の住所がないとき、またはその人の住所が分からないときは、原則として、その人の居所地を管轄する家庭裁判所が取り扱います（家事4）。

　日本国内にその人の住所も居所もないとき、またはこれらのいずれもわからないときは、原則として、その人の最後の住所地を管轄する家庭裁判所が事件を取り扱います。

(3) 優先管轄

　家事事件について複数の家庭裁判所が管轄権を有するときは、先に申立てを受け、または職権で手続を開始した家庭裁判所がその家事事件を取り扱います（家事5）。

(4) 指定管轄

　管轄裁判所が法律上または事実上、裁判権を行うことができないときは、申立てにより、または職権で、その裁判所の直近上級の裁判所が管轄裁判所を定めます（家事6①）。

　また、裁判所の管轄区域が明確でないため管轄裁判所が定まらないときは、申立てにより、または職権で、関係のある裁判所に共通する直近上級の裁判所が管轄裁判所を定めます（家事6②）。

　これらの制度により管轄裁判所を定める裁判に対しては、不服を申し立てることができません（家事6③）。

(5) 管轄の特例

　家事事件手続法の他の規定によって家事事件の管轄が定まらないときは、その家事事件は、審判または調停を求める事項に関係する財産の所在地を管轄する家庭裁判所、または最高裁判所規則で定める地（東京都千代田区。家事規6）を管轄する家庭裁判所[25]の管轄に属します（家事7）。

25　具体的には、東京家庭裁判所です。

（6）合意管轄

　家事調停事件及び家事事件手続法別表第2に掲げる事項についての審判事件は、他の規定により管轄権を有する家庭裁判所のほか、当事者が合意で定める家庭裁判所の管轄に属するものとされています（家事66①、245①）。管轄についての合意は、一定の法律関係に基づく家事審判または家事調停の申立てに関し、書面に記載し、または電子データに記録する方法によってすることが必要です（家事66②、245②、民訴11②③）。

【記載例】管轄合意書

管轄合意書

◇◇家庭裁判所　　　御中

　　　　　　　　　　　　　　　　　　　平成○年○月○日
　　　　　　　　　　　　　　　　　　　申立人　住所
　　　　　　　　　　　　　　　　　　　　　　　○○　　㊞
　　　　　　　　　　　　　　　　　　　相手方　住所
　　　　　　　　　　　　　　　　　　　　　　　××　　㊞

　上記当事者間の貴庁平成○年（家イ）第▲▲▲号遺産分割調停申立事件は、□□家庭裁判所□□支部の管轄に属する事件ですが、当事者双方合意により、貴庁を管轄裁判所と定めたので、届け出ます。

3　管轄の標準時

　裁判所の管轄は、家事審判もしくは家事調停の申立てがあった時、または裁判所が職権で家事事件の手続を開始した時を標準として定められます（家事8）。

4 移 送 等

(1) 必要的移送及び自庁処理

裁判所は、家事事件の全部または一部がその管轄に属しないと認めるときは、申立てにより、または職権で、これを管轄裁判所に移送します（家事9①）。もっとも、家庭裁判所は、事件を処理するため特に必要があると認めるときは、職権で、家事事件の全部または一部を、管轄権を有する家庭裁判所以外の家庭裁判所に移送し、または自ら処理することができます。家庭裁判所が自庁処理の裁判をするときは、必ず、当事者及び利害関係参加人の意見を聴くことになっています（家事規8①）。

(2) 職権による裁量的移送

家庭裁判所は、家事事件がその管轄に属する場合においても、表4-23中A欄に掲げる事由があるときは、職権で、家事事件の全部または一部を同表中B欄に掲げる裁判所に移送することができます（家事9②）。

表4-23 職権による裁量的移送の事由及び移送先の裁判所

	A欄	B欄
1	家事事件の手続が遅滞することを避けるため必要があると認めるとき、その他相当と認めるとき	優先管轄の規律（家事5）によって管轄権を有しないこととされた家庭裁判所
2	事件を処理するため特に必要があると認めるとき	1に掲げた家庭裁判所以外の家庭裁判所

(3) 管轄違いを理由として原審判が取り消された場合の移送

抗告裁判所は、家事事件手続法別表第2に掲げる事項についての審判事件以外の家事審判事件について、その全部または一部が原裁判所の管轄に属しないと認める場合には、原則として、原審判を取り消します（家事92①）。

家事審判事件が管轄違いであるという理由により、原審判が取り消されたときは、その事件は、管轄権を有する家庭裁判所に移送されます（家事92②）。

(4) 効　　果

　移送の裁判が確定したときは、その家事事件は初めから移送を受けた裁判所に係属していたものとみなされます（家事9⑤、民訴22③）。また、移送の裁判が確定したときは、移送の裁判をした裁判所の裁判所書記官は、移送先の裁判所の裁判所書記官に対し、家事事件の記録を送付します（家事規9、民訴規9）。

Ⅱ　家事審判事件の管轄の基準

1　人の住所地によって管轄裁判所が定まる場合

　表4-24中A欄に掲げる審判事件の管轄裁判所は、同表中B欄に掲げる者の住所地を基準として定まります。

表4-24　人の住所地によって管轄裁判所が定まる場合

	A欄	B欄
1	後見開始の審判事件	成年被後見人となるべき者
2	保佐開始の審判事件	被保佐人となるべき者
3	補助開始の審判事件	被補助人となるべき者
4	不在者の財産の管理に関する処分の審判事件	不在者（注1）
5	失踪の宣告の審判事件	
6	失踪の宣告の取消しの審判事件	失踪者
7	夫婦間の協力扶助に関する処分の審判事件	夫または妻
8	夫婦財産契約による財産の管理者の変更等の審判事件	
9	婚姻費用の分担に関する処分の審判事件	
10	子の監護に関する処分の審判事件	子（注2）

11	財産の分与に関する処分の審判事件	夫または妻であった者
12	離婚等の場合における祭具等の所有権の承継者の指定の審判事件	所有者
13	嫡出否認の訴えの特別代理人の選任の審判事件	子
14	子の氏の変更についての許可の審判事件	子（注２）
15	養子縁組をするについての許可の審判事件	養子となるべき者
16	死後離縁をするについての許可の審判事件	申立人
17	離縁等の場合における祭具等の所有権の承継者の指定の審判事件	所有者
18	特別養子縁組の成立の審判事件	養親となるべき者
19	特別養子縁組の離縁の審判事件	養親
20	親権に関する審判事件	子（親権者の指定、変更の審判事件及び第三者が子に与えた財産の管理に関する処分の審判事件については注２）
21	未成年後見に関する審判事件	未成年被後見人
22	扶養義務の設定の審判事件	扶養義務者となるべき者（注３）
23	被相続人の生前に申し立てられた推定相続人の廃除の審判事件	被相続人
24	被相続人の生前に申し立てられた推定相続人の廃除の審判の取消しの審判事件	
25	遺言者の生存中における遺言の確認の審判事件	遺言者
26	遺留分の放棄についての許可の審判事件	被相続人

27	任意後見契約の効力を発生させるための任意後見監督人の選任の審判事件	本人（任意後見2二）
28	氏または名の変更についての許可の審判事件	申立人
29	性同一性障害者特例法に基づく性別の取扱いの変更の審判事件	申立人
30	厚生年金法等に基づく年金分割に際し請求すべき按分割合に関する処分の審判事件	申立人または相手方
31	児童福祉法に基づく都道府県の措置についての承認の審判事件	児童
32	児童福祉法に基づく都道府県の措置の期間の更新についての承認の審判事件	
33	生活保護法等に基づく施設への入所等についての許可の審判事件	被保護者
34	生活保護法等に基づく扶養義務者の負担すべき費用額の確定の審判事件	扶養義務者（注4）
35	精神保健福祉法に基づく保護者の順位の変更及び保護者の選任の審判事件	精神障害者
36	破産手続が開始された場合における夫婦財産契約による財産の管理者の変更等の審判事件	夫または妻
37	親権を行う者につき破産手続が開始された場合における管理権喪失の審判事件	子
38	経営承継円滑化法に基づく遺留分の算定の合意についての許可の審判事件	旧代表者（経営承継3②）

（注1）　「不在者」である以上、現在の住所地は不明のため、従来の住所地または居所地によって判断する。
（注2）　父または母を同じくする数人の子についての申立てによる審判事件にあっては、そのうちの1人となる。例えば、母を同じくする子A、Bに関し、Aの住所地を管轄する家庭裁判所とBの住所地を管轄する家庭裁判所が異なるときは、離婚した母の復氏に伴う子A、Bの氏の変更の許可についての審判事件の申立ては、いずれの家庭裁判所に対してもすることができる。
（注3）　数人についての扶養義務の設定の審判事件にあっては、そのうちの1人となる。なお、

保護者の選任の申立て（精保福祉20②四）と同一の申立てによるときは、扶養を必要とする精神障害者の住所地を管轄する家庭裁判所も管轄権を有するものとされている（家事183）。
(注4) 数人の扶養義務者に対する申立てによる審判事件にあっては、そのうちの1人となる。（家事117①、128①、136①、145、148①、149①、150、159①、160①、161①、162①、163①、164①、165①、167、176、182、188①、209②、216①二、217①、226一、232①、233①、234、240①②、241①、242①一・二、243①）

2 相続が開始した地によって管轄裁判所が定まる場合

表4-25に掲げる審判事件の管轄裁判所は、相続が開始した地を基準として定まります。

表4-25 相続が開始した地によって管轄裁判所が定まる場合

1	被相続人の死亡後に申し立てられた推定相続人の廃除の審判事件
2	被相続人の死亡後に申し立てられた推定相続人の廃除の審判の取消しの審判事件
3	相続の場合における祭具等の所有権の承継者の指定の審判事件
4	遺産の分割に関する審判事件。 ただし、遺産の分割の審判事件が係属している場合における寄与分を定める処分の審判事件を除く。
5	相続の承認または放棄に関する審判事件。 ただし、限定承認の場合における鑑定人の選任の審判事件を除く。
6	財産分離の審判事件
7	相続人の不存在の場合における相続財産の管理に関する処分の審判事件
8	特別縁故者に対する相続財産の分与の審判事件
9	遺言に関する審判事件。 ただし、遺言者の生存中における遺言の確認の審判事件を除く。
10	遺留分を算定する場合における鑑定人の選任の審判事件
11	破産手続における相続の放棄の承認についての申述の受理の審判事件

（家事188①、190、191①、201①、202①一、203一・三、209①、216①一、242①三）

3　特定の地によって管轄裁判所が定まる場合

　表4-26中A欄に掲げる審判事件の管轄裁判所は、同表中B欄に掲げる地を基準として定まります（家事226二～四）。

表4-26　特定の地によって管轄裁判所が定まる場合

	A欄	B欄
1	就籍許可の審判事件	就籍しようとする地
2	戸籍の訂正についての許可の審判事件	戸籍のある地
3	戸籍事件についての市町村長の処分に対する不服の審判事件	市役所、東京23区の区役所（戸籍4、121）または町村役場の所在地

4　他の事件との関連性によって管轄裁判所が定まる場合

　表4-27中A欄に掲げる審判事件の管轄裁判所は、同表中B欄に掲げる家庭裁判所となります。

表4-27　他の事件との関連性によって管轄裁判所が定まる場合

	A欄	B欄
1	成年後見に関する審判事件。ただし、後見開始の審判事件を除く。	後見開始の審判をした家庭裁判所(注1)。後見開始の審判事件が家庭裁判所に係属しているときは、その家庭裁判所。
2	保佐に関する審判事件。ただし、保佐開始の審判事件を除く。	保佐開始の審判をした家庭裁判所(注1)。保佐開始の審判事件が家庭裁判所に係属しているときは、その家庭裁判所。
3	補助に関する審判事件。ただし、補助開始の審判事件を除く。	補助開始の審判をした家庭裁判所(注1)。補助開始の審判事件が家庭裁判所に係属しているときは、その家庭裁判所。
4	遺産の分割の審判事件が係属している場合における寄与分を定める処分	遺産の分割の審判事件が係属している裁判所

	の審判事件	
5	限定承認の場合における鑑定人の選任の審判事件	限定承認の申述を受理した家庭裁判所。抗告裁判所が限定承認の申述を受理した場合にあっては、第1審裁判所である家庭裁判所。
6	財産分離の請求後の相続財産の管理に関する処分の審判事件	財産分離の審判事件が係属している家庭裁判所。 財産分離の審判事件が抗告裁判所に係属している場合にあっては、当該裁判所。 財産分離の裁判確定後にあっては、財産分離の審判事件が係属していた家庭裁判所。
7	財産分離の場合における鑑定人の選任の審判事件	財産分離の審判をした家庭裁判所（注1）
8	相続人の不存在の場合における鑑定人の選任の審判事件	相続人の不存在の場合における相続財産の管理に関する処分の審判事件において、相続財産の管理人の選任の審判をした家庭裁判所
9	任意後見法に規定する審判事件。ただし、任意後見契約の効力を発生させるための任意後見監督人の選任の審判事件を除く。	任意後見契約の効力を発生させるための任意後見監督人の選任の審判をした家庭裁判所（注2）

（注1） 抗告裁判所が審判に代わる裁判をした場合にあっては、その第1審裁判所である家庭裁判所となる。
（注2） ア 抗告裁判所が任意後見監督人を選任した場合においては、第1審裁判所である家庭裁判所
　　　　イ 任意後見契約の効力を発生させるための任意後見監督人の選任の審判事件が家庭裁判所に係属しているときは、その家庭裁判所

（家事117②、128②、136②、191②、201②、202①二・三、203二、217②）

Ⅲ 家事調停事件の管轄の基準

1 原　　則

　家事調停事件は、相手方の住所地を管轄する家庭裁判所または当事者が合意で定める家庭裁判所の管轄に属します（家事245①）。

2 寄与分を定める処分の調停に関する特則

　裁判所に遺産の分割の調停事件が係属しているときは、その遺産に関し寄与分を定める処分の調停事件は、当該裁判所の管轄に属するものとされます（家事245③、191②）。

3 地方裁判所・簡易裁判所への移送

(1)　職権による必要的移送

　家庭裁判所は、調停を行うことができる事件（家事244）以外の事件について調停の申立てを受けた場合には、管轄権を有する地方裁判所または簡易裁判所に移送します（家事246①）。

(2)　職権による裁量的移送

　家庭裁判所は、調停を行うことができる事件（家事244）であっても、その処理を行うため必要があると認めるときは、事件の全部または一部を、管轄権を有する地方裁判所または簡易裁判所に移送することができます（家事246②）。

　事件を処理するため特に必要があると認めるときは、管轄権を有しない地方裁判所または簡易裁判所への移送も認められますが、移送先は、事物管轄権を有する地方裁判所または簡易裁判所に限られます（家事246③）[26]。

(3) 効　果　等

　上述した移送の裁判の効力及びこれに対する即時抗告の可否とその執行停止の効力は、管轄違いを理由とする他の家庭裁判所への移送の裁判があった場合（家事9③～⑤、101①、民訴22）と同様です（家事246④）。

26　相手方に対する請求額が140万円を超える事件について、簡易裁判所は事物管轄権を有しません（裁33①一）。

第7節　費　　用

I　総　　説

　家事事件手続法では、家事審判に関する手続の費用を「審判費用」と、家事調停に関する手続の費用を「調停費用」といい、これらを「手続費用」と総称します。

　家事事件の当事者等[27]またはその他の者が負担すべき手続費用及びその計算方法の具体例は、表4-28に掲げるとおりです（民訴費用2、民訴費用規2等）。

表4-28　家事事件における手続費用の例

	手続費用の種類	計算方法の概要
1	申立ての手数料（民訴費用法3）	原則として、民訴費用法別表第1の上欄に掲げる申立ての区分に応じ、同表の下欄に掲げる額
2	裁判所が証拠調べ、書類の送達等の手続上の行為をするため必要な給付（民訴費用法11①一）（注1）	当該給付の額
3	証拠調べを裁判所外でする場合に必要な裁判官及び裁判所書記官の旅費及び宿泊料（民訴費用法11①二）	証人の場合と同様の基準により算出される額

27　特に断らない限り、当事者または事件の関係人のことをいいます（民訴費用法2）。

4	当事者等、法定代理人、手続代理人等が審問等の期日に出頭するための旅費、日当及び宿泊料（注２）	旅費、日当または宿泊料の区分に応じ、民訴費用法及び民訴費用規則の定める基準により算出される額
5	家事事件の申立書、書証の写し、訳文等の書類で当該事件の資料とされたものの作成及び提出の費用	事件１件につき、当該事件の種類、当事者等の数、書類の種類及びその通数等を基準として、通常要する書類の作成及び提出の費用の額として最高裁判所が定める額
6	５の訳文の翻訳料	ア　外国語を日本語に翻訳したものについては、訳文を記載した400字詰め用紙１枚につき1,600円
		イ　日本語を外国語に翻訳したものについては、原文を記載した400字詰め用紙１枚につき3,000円
		ウ　ア及びイ以外のものについては、訳文を記載した用紙１枚につき裁判所が相当と認める額
7	官庁等の公の団体または公証人から５の書類の交付を受けるために要する費用	次の@及び⑥の合計額 @　当該官庁等に支払うべき手数料の額 ⑥　交付１回につき第１種郵便物の最低料金の２倍の額の範囲内において最高裁判所が定める額
8	裁判所の命令により当事者等が選任した弁護士または裁判所が選任した弁護士に支払った報酬及び費用	裁判所が相当と認める額
9	裁判所が嘱託する登記について納める登録免許税	その登録免許税の額
10	強制執行の申立てのための債務名義の正本の交付、執行文の付与または送達すべき書類（民執29）の交付を受ける	次の@及び⑥の合計額 @　裁判所等の官庁または公証人に支払うべき手数料の額

第７節　費　　用　　183

| ために要する費用 | ⑥ 交付または付与1回につき第1種郵便物の最低料金の2倍の額に書留料を加えた額の範囲内において最高裁判所が定める額 |

（注1） 具体的には、証人、鑑定人及び通訳人に対する旅費、日当及び宿泊料、鑑定料、通訳料（民訴費用法18①②）等がある。
（注2） 代理人が2人以上出頭したときは、最も低額となる1人についての旅費、日当及び宿泊料。なお、手続代理人については、「当事者や法定代理人が出頭命令または呼出しを受けない期日」に出頭した場合を除く。

なお、申立ての手数料は、原則として、申立書に収入印紙を貼って納めることになっています（民訴費用法8）。納付する手数料の額が100万円を超える場合には、現金納付も認められます（民訴費用規4の2①）[28]が、1回の手数料の納付において、収入印紙による納付と現金納付の方法を併用することはできません（民訴費用規4の2③）。

家事事件に関する申立ての手数料の具体例としては、表4-29に掲げるものが挙げられます（民訴費用法別表第1十五、十五の二、十七～十九）。

表4-29 申立ての手数料

	申立ての種類	手数料の額
1	家事事件手続法別表第1に掲げる事項についての審判の申立て	800円
2	1の審判の手続に申立人として参加する場合における当該参加の申出	800円
3	家事事件手続法別表第2に掲げる事項についての審判の申立て	1,200円
4	家事事件手続法別表第1に掲げる事項についての事件以外の家庭に関する事件（家事244）についての家事調停の申立て	1,200円
5	3の審判の手続または4の調停の手続に申立人として参加する場合における当該参加の申出	1,200円

28 具体的には、手数料の額に相当する現金を日本銀行の本店、支店、代理店または歳入代理店に納付し、その領収証書を裁判所に提出します（民訴費用規4の2②）。

6	ア　忌避の申立て	500円
	イ　特別代理人の選任の申立て	
	ウ　弁護士でない者を手続代理人に選任することの許可を求める申立て	
	エ　裁判所書記官の処分に対する異議の申立て	
7	強制執行の停止、開始もしくは続行を命じ、または執行処分の取消しを命じる裁判を求める申立て	500円
8	受命裁判官または受託裁判官の裁判に対する異議の申立て	500円
9	財産の管理に関する処分の取消しの申立て	500円
10	義務の履行を命じる審判を求める申立て	500円
11	1の申立てについての裁判に対する抗告の提起	1,200円
12	3または4の申立てについての裁判に対する抗告の提起	1,800円
13	再審の申立て（家事103①）	1,500円

　一方、郵便料金または信書便（信書便2②）の役務に関する料金に充てるための費用は、一般的には、金銭に代えて郵便切手等で予納することになります。裁判所から、予納すべき郵便切手の券種及び枚数を指定される場合もあります。

Ⅱ　各自負担の原則

　手続費用は、各自が負担すべきものとされています（家事28①）。
　ただし、裁判所は、事情により、当事者及び利害関係参加人がそれぞれ負担すべき手続費用の全部または一部を、その負担すべき者以外の者であって表4-30に掲げるものに負担させることができます（家事28②）。

表4-30　手続費用の全部または一部を負担させることができる者

1	当事者
2	利害関係参加人（家事42⑦）
3	1、2以外の審判を受ける者となるべき者
4	3に準ずる者であって、その裁判により直接に利益を受けるもの（注）

（注）　具体例としては、成年後見人の選任の審判事件における成年被後見人（一問一答78頁）。なお、ここでいう「利益」は、その裁判によって何らかの恩恵に浴する、といったような意味合いで用いられている。

　なお、上述した規律に基づき検察官が負担すべき手続費用[29]は、国庫から支出されます（家事28③）。

III　手続費用の負担の裁判

1　審判費用の場合

（1）　原　　則

　裁判所は、事件を完結する裁判において、職権で、その審級における審判費用の全部についての負担の裁判をします（家事29①）。ここでいう「審判費用」は、事件が調停手続を経ている場合にあっては、その費用を含みます。

　なお、裁判所は、事情により、事件の一部または中間の争いに関する裁判（家事73②、80）において、その費用についての負担の裁判をすることもできます。

（2）　上級の裁判所が本案の裁判を変更する場合

　裁判所は、本案の裁判を変更する場合には、手続の総費用について負担の裁判をします（家事29②）。ここでいう「総費用」は、事件が調停手続を経

29　例えば、検察官が後見開始の審判の申立てをした場合（民7参照）において、当該審判の申立人として負担すべきものとされた手続費用が挙げられます。

ている場合にあっては、その費用を含みます。
（3） 事件の差戻しまたは移送があった場合
　裁判所は、事件の差戻しまたは移送を受けた場合において、事件を完結する裁判をするときは、手続の総費用について負担の裁判をします（家事29②）。事件が調停手続を経ている場合の「総費用」の内訳は、上述したとおりです。

2　調停費用の場合

　調停が成立した場合において、調停費用の負担について特別の定めをしなかったときは、その費用は各自が負担します（家事29③）。ここでいう「調停費用」は、事件が審判手続を経ている場合にあっては、その費用を含みます。

　調停を行うことができる事件（家事244）についての訴訟が係属する裁判所が事件を調停に付した場合（家事257②、274①）において、調停が成立し、その訴訟費用の負担について特別の定めをしなかったときも、その費用は各自の負担となります（家事29④）。

Ⅳ　手続費用の国庫による立替え

　事実の調査、証拠調べ、呼出し、告知等、家事事件の手続に必要な行為に要する費用は、国庫において立て替えることができるものとされています（家事30）。

　もっとも、事実の調査等に必要な手続費用は、当事者等がその概算額を予納することが原則です（民訴費用法11①、12)[30]。

　なお、手続費用の予納は、原則として、所定の額の金銭ですることになっ

---

[30]　手続費用の国庫による立替えは、手続費用の概算額の予納がない場合においても、裁判所が「事件の処理のために必要と認める資料を迅速に得ることができるようにするため」の制度と説明されています（一問一答79頁）。

ていますが、裁判所は、後見登記法に定める登記の手数料に充てるための費用に限り、金銭に代えて収入印紙で予納させることができます（家事規19①）。

Ⅴ 負担すべき手続費用の額の確定

1 審判の場合

(1) 手続費用の負担の額を定める処分
　第1審裁判所の裁判所書記官は、手続費用の負担の裁判が執行力を生じた後に、申立てにより、手続費用の負担の額を定めます（家事31①、民訴71①）。
　この申立ては、書面でしなければならず、この申立てにより手続費用の負担の額を定める処分を求めるときは、当事者は、費用計算書及び費用額の疎明に必要な書面を裁判所書記官に提出するとともに、申立書及び費用計算書を直送（家事規26①）しなければなりません（家事規20、民訴規24）。

(2) 処分の告知による効力発生
　手続費用の負担の額を定める処分を求める申立て（家事31①、民訴71①）に関する処分は、相当と認める方法で告知することによって、その効力を生じます（家事31①、民訴71③）。

2 調停の場合

　調停が成立した場合において、調停費用（家事29③）または訴訟費用（家事29④）の負担を定め、その額を定めなかったときは、その額は、申立てにより、第1審裁判所の裁判所書記官が定めます（家事31①、民訴72）。

3 事件が裁判及び調停の成立によらないで完結した場合

　この場合においては、申立てにより、第1審裁判所が手続費用の負担を命

じ、その決定が執行力を生じた後に、その裁判所の裁判所書記官が負担の額を定めます（家事31①、民訴73①）。

4 当事者参加の申出の取下げ等があった場合

当事者参加もしくは利害関係参加の申出（家事41①、42①）の取下げ、または利害関係参加の許可の申立て（家事42②）の取下げがあった場合については、事件が裁判及び調停の成立によらないで完結した場合と同様の規律が及びます（家事31①、民訴73①）。

VI 手続上の救助

1 総　　説

裁判所は、家事事件手続の準備及び追行に必要な費用を支払う資力がない者またはその支払いにより生活に著しい支障を生じる者に対しては、救助を求める者が不当な目的で家事審判または家事調停の申立て等の手続行為をしていることが明らかな場合を除き[31]、申立てにより、手続上の救助の裁判をすることができます（家事32①）。

2 効　力　等

手続上の救助の裁判は、その定めの内容に応じ、その裁判を受けた者のためにのみ、表4-31に掲げる費用等の支払いを猶予する効力を有します（家事32②、民訴83①②）。

---

[31] 一般の民事訴訟の場合（民訴82①）においては「勝訴の見込みがないとはいえない」旨の表現が用いられていますが、求められる要件に実質的な違いはないようです（一問一答81頁）。

表4-31　手続上の救助の裁判の効力

| 1 | 手続費用並びに執行官の手数料及びその職務の執行に要する費用 |
| 2 | 裁判所において付添いを命じた弁護士の報酬及び費用 |

　なお、裁判所は、手続の承継人に対し、決定で、猶予した費用の支払いを命じます（家事32②、民訴83③）。

3　費用の取立て

　手続上の救助の決定を受けた者に支払いを猶予した費用は、これを負担することとされた相手方から直接に取り立てることができるものとされています（家事32②、民訴85）。

　そこで、表4-32中A欄に掲げる者は、同表中B欄に掲げるものを取り立てるため、手続上の救助の決定を受けた者に代わり、同表中C欄に掲げる行為をすることができます。

表4-32　直接取り立てることができるもの及び認められる行為

	A欄	B欄	C欄
1	弁護士	報酬及び費用	ア　手続費用の負担の裁判またはその負担の額を定める処分の申立て（民訴71①、72、73①）
2	執行官	手数料及び費用	イ　強制執行

4　不服申立て

　手続上の救助に関する裁判に対しては、即時抗告をすることができます（家事32②、民訴86）。

第8節　記録の閲覧

I　家事審判事件の記録の開示

1　開示を受ける方法

(1) 原　則

当事者または利害関係を疎明した第三者は、家事審判事件の記録のうち、録音テープ、ビデオテープ及びこれらに準ずる記録媒体以外のものについては、家庭裁判所の許可を得て[32]、裁判所書記官に対し、表4-33に掲げる方法による開示を請求することができます（家事47①）。

表4-33　記録の閲覧等

1	記録の閲覧または謄写
2	記録の正本、謄本または抄本（注1）の交付
3	家事審判事件に関する事項の証明書の交付（注2）

(注1)　家事審判事件の記録の正本、謄本または抄本には、正本、謄本または抄本であることを記載し、裁判所書記官が記名押印する（家事規34）。

(注2)　家庭裁判所の裁判所書記官は、家事審判事件の記録に基づいて、審判の確定または審判以外の裁判の確定についての証明書を交付する（家事規49①③）。ただし、家事審判事件が抗告裁判所に係属しているときは、当該家事審判事件の記録を現に保管している裁判所の裁判所書記官が、審判のうち確定した部分のみ、または審判以外の裁判のうち確定した部分のみについて証明書を交付する（家事規49②③）。

32　家事審判事件の記録の閲覧等（家事47①）を許可する裁判においては、当該事件の記録中記録の閲覧等を許可する部分が特定されます（家事規35）。

一方、録音テープ、ビデオテープ及びこれらに準ずる記録媒体については、他の記録の場合と同様の規律に従い、物の複製を請求することができます（家事47②）。

（2）例　　外

　審判書等の裁判書の正本、謄本もしくは抄本または家事審判事件に関する事項の証明書については、当事者は、家庭裁判所の許可を得ないで、裁判所書記官に対し、その交付を請求することができます（家事47⑥）。

　審判を受ける者が、当該審判があった後に記録の開示を請求する場合についても、同様の規律が及びます。

　もっとも、記録の閲覧、謄写及び複製の請求は、記録の保存または裁判所の執務に支障がある場合には、することができません（家事47⑦）。

2　許可の基準

　家庭裁判所は、当事者から記録の開示についての許可の申立てがあったときは、表4-34に掲げる場合を除き、許可をしなければならないものとされています（家事47③④）。

表4-34　当事者による記録の閲覧、複製等を許可しないことができる場合

1	事件の関係人である未成年者の利益を害するおそれがあると認められるとき
2	当事者または第三者の私生活または業務の平穏を害するおそれがあると認められるとき
3	当事者または第三者の私生活についての重大な秘密が明らかにされることにより、その者が社会生活を営むのに著しい支障を生じ、またはその者の名誉を著しく害するおそれがあると認められるとき
4	事件の性質、審理の状況、記録の内容等に照らし、申立てをした当事者に、申立てを許可することを不適当とする特別の事情があると認められるとき

　これに対し、家庭裁判所は、利害関係を疎明した第三者から許可の申立てがあった場合には、相当と認めるときに許可をすることができるものとされ

ています（家事47⑤）。

3 手　数　料

　裁判所書記官が保管する記録の閲覧などを求めるときは、表4-35中A欄に掲げる手続の区分に応じ、同表中B欄に掲げる額の手数料を納付しなければなりません（民訴費用法7、別表第2）。

表4-35　記録の閲覧等にかかる手数料

	A欄	B欄
1	事件の記録の閲覧、謄写または複製。ただし、事件の係属中に当事者または事件の関係人が請求するものを除く。	1件につき150円
2	事件の記録の正本、謄本または抄本の交付	用紙1枚につき150円
3	事件に関する事項の証明書の交付	1件につき150円
4	3のうち、事件の記録の写しについて原本の記載と相違ない旨を証明する書面の交付（注）	原本10枚までごとに150円
5	執行文の付与	1通につき300円

（注）　事件の記録が電磁的記録で作成されている場合にあっては、当該電磁的記録に記録された情報の内容を書面に出力したときのその書面が、ここでいう「原本」にあたる。

II　家事調停事件の記録の開示

開示を受ける方法

(1) 原　　則

　当事者または利害関係を疎明した第三者による記録の開示は、基本的には、家事審判事件の場合と同様の規律が及びます（家事254①②）[33]。

ただし、家庭裁判所は、当事者から記録の開示についての許可の申立てがあった場合においても、その申立てが合意に相当する審判の対象となる事項（家事277①）についての調停事件の記録の開示に関するものであるときを除き、相当と認めるときに、これを許可することができます（家事254③）。

(2) 例　　外

　表4-36に掲げる書面については、当事者は、家庭裁判所の許可を得ないで、裁判所書記官に対し、その交付を請求することができます（家事254④）。

表4-36　家庭裁判所の許可を得ないで開示を受けることができる書面

1	審判書等の裁判書の正本、謄本または抄本
2	以下の調書の正本、謄本または抄本 ⓐ　調停において成立した合意を記載した調書 ⓑ　調停をしないものとして事件が終了した旨を記載した調書 ⓒ　調停が成立しないものとして事件が終了した旨を記載した調書
3	家事調停事件に関する事項の証明書

　また、家庭裁判所は、当事者から、合意に相当する審判の対象となる事項（家事277①）についての調停事件の記録の開示についての許可の申立てがあったときは表4-34に掲げる場合を除き、許可をしなければならないものとされています（家事254⑥、47③④）。
　もっとも、記録の閲覧、謄写及び複製の請求は、記録の保存または裁判所もしくは調停委員会の執務に支障があるときは、することができません（家事254⑤）。

33　家事調停事件の記録の正本、謄本または抄本についても、正本、謄本または抄本であることを記載し、裁判所書記官が記名押印します（家事規126①、34）。また、家事調停事件の記録の閲覧等を許可する裁判においても、当該事件の記録中記録の閲覧等を許可する部分が特定されます（家事規126①、35）。

第9節 保全処分

　家事事件において、本案についての審判が確定し、その効力が生じるまでには、相応の時間がかかります。

　そこで、審判の効力が生じるまでの間に、事件の関係人の身分上の地位や権利利益が損なわれ、当該審判の実効性を確保することが不可能あるいは著しく困難となってしまうことを避けるため、申立てにより、裁判所が暫定的な仮の処分を命ずることが認められています。

　この制度を「審判前の保全処分」といい、具体的には、仮差押え、仮処分、財産の管理者の選任等が挙げられます（家事105①）。審判前の保全処分の効力は、民事保全法等、仮差押え及び仮処分の効力に関する法令の規定に従います（家事109③）。

【参考文献】

- 金子修編著『一問一答　家事事件手続法』商事法務・2012年1月
- 飛澤知行編著『一問一答　平成23年民法等改正』商事法務・2011年10月
- 梶村太市他編著『家事事件手続法　裁判例集』有斐閣・2011年9月
- 片岡武、金井繁昌、草部康司、川畑晃一著『家庭裁判所における成年後見・財産管理の実務』日本加除出版・2011年7月
- 大阪弁護士会　遺言・相続センター編『事例にみる　遺言の効力』新日本法規出版・2011年4月
- 片岡武、管野眞一著『家庭裁判所における遺産分割・遺留分の実務』日本加除出版・2010年4月
- 仲隆、浦岡由美子、黒野德弥編『遺産分割事件処理マニュアル』新日本法規出版・2008年6月
- 野田愛子、松原正明編『相続の法律相談（第5版）』有斐閣・2000年6月
- 内田貴著『民法Ⅳ　補訂版　親族・相続』東京大学出版会・2004年3月

【著者略歴】

● 山本 裕二（やまもと　ゆうじ）
　平成14年　税理士登録
　平成16年　山本裕二税理士事務所開業
　商工会相談員、法人会講師、青色申告会講師、東京税理士会支部税務相談員等を歴任

● 田口 真一郎（たぐち　しんいちろう）
　平成12年　司法書士資格取得
　平成15年　司法書士登録
　平成16年　簡裁訴訟代理等関係業務に係る法務大臣認定
　公益社団法人　成年後見センター・リーガルサポート会員
　一般社団法人　金融財政事情研究会　登記六法編集委員
　著書に「会社登記の全実務（2010年版）」「相続登記の全実務／相続・遺贈と家事審判・調停」「公益法人改革と定款作成・変更・登記の全実務」（いずれも清文社）など

● 黒川 龍（くろかわ　りゅう）
　平成13年　司法書士資格取得
　平成16年　簡裁訴訟代理等関係業務に係る法務大臣認定
　現在、日本司法支援センターの総合法律支援に関する業務に従事
　著書に「会社登記の全実務（2010年版）」「相続登記の全実務／相続・遺贈と家事審判・調停」「公益法人改革と定款作成・変更・登記の全実務」（いずれも清文社）など

〈著者連絡先〉たぐち司法書士事務所
　　　　　　　東京都小平市天神町一丁目215番地の35
　　　　　　　電話：042-312-3697　　Fax：042-312-3698

税理士のための相続・成年後見と家事事件手続の実務

2013年4月1日　発行

著　者　　山本　裕二　／　田口真一郎　／　黒川　龍　Ⓒ

発行者　　小泉　定裕

発行所　　株式会社 清文社
東京都千代田区内神田1－6－6（MIFビル）
〒101-0047　電話 03（6273）7946　FAX 03（3518）0299
大阪市北区天神橋2丁目北2－6（大和南森町ビル）
〒530-0041　電話 06（6135）4050　FAX 06（6135）4059
URL http://www.skattsei.co.jp/

印刷：亜細亜印刷㈱

■著作権法により無断複写複製は禁止されています。落丁本・乱丁本はお取り替えします。
■本書の内容に関するお問い合わせは編集部までFAX（03-3518-8864）でお願いします。

ISBN978-4-433-55352-4